Jens Höhner

Glücksorte im Bergischen Land

Fahr hin und werd glücklich

Droste Verlag

Für Anke. Für Jörg. Und für die HaPus.

Dieses Buch gehört

....

....
....

Liebe Glücksuchende,

vielen Dank, dass Sie im Bergischen Land nach Orten des Glücks suchen und besondere Momente erleben wollen. Sie halten nun eine sehr persönliche Auswahl solcher Plätze in den Händen und können sich auf den Weg machen. Sie werden dabei mit Menschen ins Gespräch kommen, die Ihnen viel von ihrem Glück offenbaren – emsige Vereine, rührige Ehrenamtler, engagierte Initiativen und natürlich auch Profis, die jene 92 Orte hüten und pflegen. Im Fokus aber stehen meist die kleineren, weniger bekannten Plätze im Bergischen Land. Bitte beachten Sie daher, dass Ihrem Besuch dort eine Anmeldung vorausgehen sollte – oder sogar muss.

Die vielen Gespräche und Recherchen, die zu diesem Buch geführt haben, bargen zahlreiche Überraschungen und nicht zuletzt auch Glücksmomente. Oft genug habe ich die Auswahl geändert, weil es einem spannenden Hinweis auf einen vielversprechenden Ort zu folgen galt. Keine Tour erwies sich als vergeblich, auch wenn am Ende Streichungen notwendig waren. Wollige Lamas kreuzten ebenso den Weg wie zutrauliche Kühe und tapsige Elefanten. Verschiedenste Vehikel galt es zu besteigen oder in der Natur querfeldein zu wandern, zu klettern, manchmal auch gemächlich zu schlendern.

Jetzt sind Sie an der Reihe. Brechen Sie auf, begegnen Sie den hier vorgestellten Plätzen mit offenen Augen und Ohren, lernen Sie deren Hüter kennen, lassen Sie sich von jenen Menschen und Orten begeistern, genießen Sie, schlemmen Sie (und vergessen Sie dabei auch mal das Kalorienzählen) und freuen Sie sich, dass Ihr Allerwertester nach einer Tour über den wundervollen Wuppertrail in Radevormwald ordentlich schmerzt. Dann wissen Sie, was Sie getan haben (auch gegen die Kalorien)! Erleben Sie, dass Momente des Glücks nicht flüchtig sein müssen, sondern lange nachwirken können. Nämlich dann, wenn Sie dieses Buch nach Ihren Ausflügen noch einmal zur Hand nehmen und sich mit Freude erinnern. Das wiederum würde mir Freude bereiten. Und mich glücklich machen.

Ihr Jens Höhner

Deine Glücksorte ...

4

... noch mehr Glück für dich

Träumen in den Bäumen

 Das Baumhausdorf auf Panarbora in Waldbröl

Wer hat nicht als Kind davon geträumt, hoch oben in den Ästen ein Baumhaus zu haben und darin ein sicheres Bett? Immerhin sieben bis zehn Meter hoch sind die Stelzen, auf denen die Baumhäuser im Naturerlebnispark Panarbora mitten im Wald stehen. Und wer darin Quartier bezieht, der ist nicht nur umgeben von dem ungeheuer beruhigenden Geruch des Holzes, sondern spürt auch jede Bewegung unter den Füßen: Geht ein Wind, bewegt sich sanft das Haus, rauscht es in den Blättern ringsumher. Und dazu zirpt das Grillenorchester.

Im September 2015 wurde der elf Fußballfelder große Park auf dem Nutscheid-Höhenzug in Waldbröl (Oberbergischer Kreis) eröffnet. Fast 14 Millionen Euro hat die Anlage in der Trägerschaft des Jugendherbergsverbands Rheinland gekostet. Und das meiste dort ist aus Holz: das Dorf mit den Baumhäusern, der 40 Meter hohe Aussichtsturm, der Abenteuerspielplatz und der 1635 Meter lange Baumwipfelpfad, der sich von sieben Metern auf eine Höhe von 23 Metern windet und unterwegs Panoramen offenbart. Er gilt als einer der längsten weltweit und ist derzeit einzigartig in Nordrhein-Westfalen, verarbeitet wurden heimische Fichten- und Lärchenhölzer. Von 1962 bis 1992 stand auf dem Gelände übrigens eine Kaserne der Bundeswehr, die auch vom amerikanischen Militär genutzt wurde. Grauer Beton ist den Farben der Natur gewichen.

TIPP Lauschen Sie am Glockenspiel an der Waldbröler Hochstraße Liedern von Anton Wilhelm von Zuccalmaglio.

30 Betten gibt es in den Baumhäusern, weitere 36 Schlafplätze bieten asiatische Jurten, afrikanische Lehmhäuser und südamerikanische Stelzenhäuser. Und weitere zehn Zimmer sind im Familienhaus zu finden. Während in der Woche meist Schulklassen darin schlafen, erleben an den Wochenenden Ausflügler das Glück ungewöhnlicher Nächte.

Naturerlebnispark Panarbora, Nutscheidstraße 1, 51545 Waldbröl, Tel. (0 22 91) 90 86 50
www.panarbora.de
ÖPNV: Bus 342, Haltestelle Panarbora

Wisente zum Frühstück

2 *Das Eiszeitliche Wildtiergehege in Mettmann*

Verführerisch raschelt Trockenfutter in Sara Kajaks großer Kelle. Die Wildhüterin weiß eben, wie man Wisente lockt. Und prompt pflügen Nutella und Nugana, beide 18 Jahre alt, durchs saftige Grün, verschwinden im Stall und senken die Köpfe in die Futterrinne. Vor 100 Jahren war die europäische Bisonart fast ausgestorben, nur zwölf Tiere waren damals für eine Zucht geeignet. Heute tummeln sich mehr als 3000 Wisente auf Wiesen in Europa. „Bald zieht eine ganze Herde auf unser Gelände", verrät Sara Kajak, die als Hegemeisterin im Eiszeitlichen Wildgehege ihr berufliches Glück gefunden hat. Das 23 Hektar große Grünland steht seit 1921 unter Naturschutz und liegt im Neandertal. 1935 wurde das Gehege durch den Naturschutzverein Neandertal eingerichtet. Heute steht es in der Trägerschaft des Kreises Mettmann. Ein Zugang zu dem hügeligen Naturpark mit Wiesen, Wäldern und Quellen befindet sich am Neanderthal-Museum in Mettmann. Dort geht es hinein in die lebendige Vergangenheit: Sechs Tarpane traben über ihre Koppel, silbrig-grau schimmert das Fell dieser alten Wildpferdrasse, die an den

TIPP *Lassen Sie das Neanderthal-Museum auf keinen Fall links liegen.* Fesseln Zebrastreifen trägt und tatsächlich als ausgestorben galt: Der letzte frei lebende Steppentarpan soll im Jahr 1876 getötet worden sein. Darüber hinaus scharen sich 30 Auerochsen auf einer Hangwiese. Solche Rinder waren die ersten Urtiere, die das Gehege damals bevölkerten und seit 1627 nicht mehr gesichtet worden waren.

Sara Kajak liebt ihren Beruf: „Die Sonnenaufgänge sind herrlich", schwärmt sie und lädt dazu ein, das Gehege in jeder Jahreszeit zu besuchen. Und wer früh aufsteht, kann täglich zwischen 7 und 8 Uhr die Fütterung der Tiere erleben. Hunde sind willkommen, müssen aber an der Leine geführt werden.

▶ **Eiszeitliches Wildgehege am Neanderthal-Museum, Im Tal 300, 40822 Mettmann**
www.wildgehege-neandertal.de
▶ **ÖPNV: Haltestelle Neanderthal, oder Bus 741, Haltestelle Neanderthal/Museum**

Was die Natur serviert

3 *Das Kräutercafé in Waldbröl*

Auf den Tisch kommt, was die Natur gerade serviert. Blätterteigtarte mit Mädesüßcreme und frischen Pfirsichen, Parmesanschnitten mit buntem Tomaten-Giersch-Basilikum-Salat, Beerenbaiser und Fichtenspitzen-Zitronentorte: In ihrem Kräutercafé in der kleinen Waldbröler Ortschaft Geilenkausen (Oberbergischer Kreis) bereitet Astrid Saubert ungewöhnliche Speisen und Kuchen zu, alles ist saisongebunden. „Kräuter haben mich immer schon interessiert – und fasziniert", sagt die 51-Jährige, die sich an der Gundermann-Akademie in Bad Münstereifel zur geprüften Kräuterpädagogin weitergebildet und im April 2016 ihr Café am Bergischen Panoramasteig eröffnet hat. Dort ist sie glücklich. Das war nicht immer so. Zuvor fühlte sich die Waldbrölerin ausgebrannt, verzweifelt. Plötzlich wehrte sich ihr Körper gegen die harten Stunden im Job, dann versagte die Schulter ihren Dienst. „Es ging nicht mehr weiter", blickt Astrid Saubert zurück. Die Arbeit als Floristin im eigenen Laden und später als Angestellte mit mehreren Hundert Überstunden im Jahr hat sie aufgegeben. „Ich habe mein Leben verändert", sagt sie.

TIPP Erleben Sie die artenreichen Magerwiesen entlang des Neuenhähner Wegs südwestlich von Geilenkausen.

„Denn ich wollte mehr als ein Leben lang Sträuße binden." Die Waldbrölerin lädt zu Wildkräuter-Wanderungen ein, arbeitet mit Kräutern und probiert erste Pestos – für die Familie und Freunde, schließlich für die Kunden eines Hofladens, die nicht mehr die üblichen Lebensmittel kaufen wollen. Bald ist der Appetit auf Löwenzahn-Chutney und Fichtenspitzen-Dip so groß, dass die Herstellerin nicht mehr nachkommt. Und als in Geilenkausen die Dorfkneipe leer steht, greift Astrid Saubert sofort zu und richtet zwei gemütliche Räume ein. Die Speisekarte dort ist klein, und ihre leckere Wildkräuterlimonade wird sie auf keinen Fall im Winter ausschenken: „Ich arbeite nicht mit getrockneten Kräutern", wehrt die Chefin ab. „Würde ich die Kräuter haltbar machen, gingen alle Vitamine verloren."

● **Kräutercafé, Geilenkausener Straße 12, 51545 Waldbröl**
www.kraeutercafe.com
● **ÖPNV: Bus 530, Haltestelle Niedergeilenkausen Abzweig**

Und an der Leine ein Lama

4 *Tierisches Trekking in Engelskirchen*

Plötzlich geht Allegra auf Kuschelkurs. Ein leises Schnaufen, ein sanftes Brummen, Allegra drückt sich an den Besucher und verlangt Streicheleinheiten. Und damit sich der Beschmuste solcher Zuwendung nicht entzieht, steigt das schwarze Lama dem Gast prompt auf den Fuß. „Normal", sagt Bernd Ost und rät zur Ruhe. Überhaupt – Ruhe. Seit dem Jahr 2005 bieten Ost und seine Ehefrau Sandra Lamawanderungen an. Damals haben die beiden Kommunalbediensteten – er arbeitet als Spielplatzkontrolleur, sie im Fachbereich Soziales – mit den südamerikanischen Verwandten des Kamels selbst ihr Glück gefunden und den Balsamhof gegründet. Ein gestresster Mensch war es, der dem Hof den Namen gab: „Eine Lamatour ist wie Balsam für die Seele", zitiert Bernd Ost jenen Ausspruch. Niemals nämlich wählt der Wanderer das Tier, stets sucht sich das Lama beim Kennenlernen im Stall denjenigen aus, der in den nächsten Stunden die Leine halten darf.

„Weil Lamas in der Wildnis ständig nach Feinden wie dem Puma Ausschau halten, sind sie immer hellwach", erklärt Ost. „Das verlangt ein Lama auch von dem Menschen, der das Tier führt." Somit gelte es, die Natur mit allen Sinnen wahrzunehmen. „Der Plappermann im Kopf hält die Klappe, das Gedankenkarussell steht endlich still", beschreibt der Lamahüter, was Entspannung bedeutet. Das Wandertempo indes bestimmen die kürzesten Beine in der Gruppe.

TIPP *Probieren Sie im Hofladen die keratinhaltige Seife aus Lamahaar. Diese trocknet die Haut nicht aus.*

20 Lamas und die Alpakas Paco und Cyrus tummeln sich heute auf der mehr als 300 Jahre alten Hofstatt in der kleinen Engelskirchener Ortschaft Hollenberg (Oberbergischer Kreis). Und wer dort mit einem Lama Freundschaft schließen will, der lässt das Tier erst mal am Handrücken schnuppern. Dann erst dürfen Menschenfinger die weichen, niemals fettigen oder schlecht riechenden Lamalocken kraulen. Ein Schnaufen und ein behutsamer Tritt auf den Fuß sollen sagen: Der Gast darf alles. Nur nicht aufhören.

● Balsamhof, Engelskirchen-Hollenberg, Besuche nach Anmeldung unter Tel. (0 22 63) 9 03 81 60
www.lamatrekking-oberberg.de

Die Antwort auf dem Teller

 5 *Hähnchen Ewald in Kürten*

Aufs Rezept angesprochen, wird die sonst so redselige Gaby Herzhoff plötzlich wortkarg. „Geheim", antwortet die Gastwirtin knapp. Und auch über die Zubereitung fällt kein Wort. Wer bei Hähnchen Ewald in Kürten-Selbach (Rheinisch-Bergischer Kreis) einkehrt, der soll das knusprige Hähnchen-Glück einfach nur genießen und keine Fragen stellen. „Wir verraten nur, dass die Mayonnaise hausgemacht ist", ergänzt Gaby Herzhoff, seit 1989 Mitchefin des kultigen Hühnerlokals, das allerdings einige Jahrzehnte älter ist. Halbe Hähnchen gibt es da, mit Pommes. Oder mit Brot. Auch Siedewürste und Schinkenschnitten landen manchmal auf den Tellern, „aber die sind nicht der Rede wert". Denn wer sich nach Selbach verirrt, der will nur das eine – und dafür nimmt der Gast gern in Kauf, dass er mal Schlange stehen muss, bisweilen quer durch den kleinen Ort. Manchmal sogar an sechs Tagen in der Woche, denn Samstag ist Ruhetag bei Hähnchen Ewald.

Und wer schließlich am Schenkel nagt und am Flügelchen knabbert, der sitzt vielleicht dem früheren Topmodel Heidi Klum gegenüber. Niemals bringt sie ein Foto mit, aber immer – so heißt es – großen Appetit. Hähnchen, Fritten rot-weiß und ein Malzbier, das Klum-Menü. Eine Promiwand in der ansonsten karg eingerichteten Speisestube mit rund 40 Plätzen zeigt zudem, wer sonst noch Fan von Hähnchen Ewald ist, daneben kündet eine Karnevalsgalerie von der fünften Jahreszeit.

TIPP *Fahren Sie vorsichtig und genießen Sie die kurvige Tour durch üppige Alleen.*

Aber warum ist das Geschäft mit den krossen Flattermännern Kult? Diesmal will Gaby Herzhoff antworten. „Vielleicht", hebt sie an, „weil wir so familienfreundliche Preise haben". In der Tat kostet die schnelle Mahlzeit wenig. Alle anderen Antworten aber liegen auf dem Teller. Und gegessen wird natürlich mit den Fingern.

⊙ **Hähnchen Ewald, Selbach 4, 51515 Kürten, Tel. (0 22 68) 62 26, keine Reservierung**
www.haehnchen-ewald.de

 16

Oldtimer auf Schienen

6 *Das Straßenbahnmuseum in Wuppertal*

1970 war Schluss. Während die Schwebebahn Wuppertals Stadtviertel auch heute in luftiger Höhe durchquert, ist zu ebener Erde der letzte Straßenbahnzug längst aufs Abstellgleis gerollt. Das Ende des elektrifizierten Verkehrsmittels rührte unter anderem daher, dass sowohl in der Stadt selbst als auch in den umliegenden Orten Gleise verschiedener Spurweiten gelegt worden waren. Ein Ausbau des Schienennetzes, wie es aufgrund des wachsenden Verkehrs notwendig gewesen wäre, erwies sich als unbezahlbar. Damit wurde der Betrieb nahezu eingestellt. Eine Schar Wuppertaler Straßenbahn-Enthusiasten, seit 1969 bereits in einem Verein organisiert, sorgte indes dafür, dass in der Kohlfurth weiterhin Bahnen fahren – auf einer Strecke von etwa 3,2 Kilometern. 1973 zog das Bergische Straßenbahnmuseum auf ein stillgelegtes Betriebsgelände, und der Verein baute sich Werkstatthallen. Darin stehen heute fast 40 Fahrzeuge aus den Jahren von 1894 bis etwa 1960 aus dem gesamten Bergischen Land. Stück für Stück bringt sie der Verein um den Vorsitzenden Michael Schumann auf Vordermann. Und das dauert Jahre.

TIPP *Dem Museumsgelände gegenüber erwartet Sie das Strandcafé an der Wupper.*

„Denn wir nehmen jedes Teil auseinander, sanieren es und bauen alles so originalgetreu wie nur möglich wieder zusammen", beschreibt Schumann reinstes Schrauberglück und deutet auf einen Zug der Wuppertaler Stadtwerke von 1925. Aufgebockt steht er im hintersten Winkel und wartet auf den Fortgang seiner Überholung. Lange fertiggestellt und bei Hochzeitspaaren überaus beliebt ist dagegen der Prunkwagen von 1928, der einst in Diensten der Barmer Bergbahn verkehrte. Auch Betriebsfahrzeuge stehen unter dem schützenden Hallendach, darunter eine Fahrschulbahn von 1919, Schleif- und Arbeitswagen sowie ein Triebwagen mit Arbeitsbühne, der 1950 komplett aus Holz gebaut wurde. Und Güterwaggons gibt es ebenfalls: „Früher wurden nicht nur Menschen mit der Straßenbahn transportiert." 30.000 Besucher zählt das Museum Schumanns Angaben zufolge im Jahr, Pfingsten steigt stets das „Bergische Straßenbahnfest".

◐ Bergisches Straßenbahnmuseum, Kohlfurther Brücke 57, 42349 Wuppertal, Tel. (02 02) 47 02 51
www.bmb-wuppertal.de
◐ ÖPNV: City-Express 64, Haltestelle Kohlfurther Brücke

Wo die Uhren anders gehen

 7 *Camping an der Brucher Talsperre in Marienheide*

Träge baumeln die Fahnen im Wind. Die Farben Schwarz, Rot, Gold hängen ebenso schlaff am Mast wie das Königsblau von Schalke 04 oder das Wappen der Dominikanischen Republik. Bunte Vielfalt ist angesagt über dem Campingplatz an der Brucher Talsperre in der Gemeinde Marienheide (Oberbergischer Kreis). Unter der Fahne der „Dom Rep" hat sich Peter Klotz einst einen schmucken Zufluchtsort geschaffen. Jede freie Minute verbringt der 64-Jährige dort: Damals sei sein Eheglück in die Brüche gegangen. „Und hier hat es mir sofort gefallen." Gummersbach, seine nahe Heimatstadt, sei ihm einfach viel zu laut geworden. Und ist er mal nicht in Marienheide, sei er in der Dominikanischen Republik.

Entstanden ist der Campingplatz in den 1950er-Jahren. „Eben als Ort der Naherholung für jeden, der mal heraus will aus der Stadt", schildert Bürgermeister Stefan Meisenberg und richtet den Blick auf die urbane Nachbarschaft, aufs südliche Ruhrgebiet. „Von dort kommen auch heute viele Camper zu uns: Freizeit, Feierabend, Wochenende – schöne Stunden in einer schönen Gegend", textet Meisenberg werbereif.

TIPP *Entspannen Sie im Kurpark Heilteich mit seinen drei Seen, gelegen in der Ortsmitte.* Mehr als 300 Stellplätze gibt es auf dem Gelände an der Brucher Talsperre. „Und nicht alle sind belegt", lädt Platzwart Thorsten Schweinebraten zum Bleiben ein.

Ganz nah am Wasser hat Enten-Peter sein Lager aufgeschlagen. Viele Camper haben Beinamen zur Unterscheidung, schließlich ist man beim „Du". Und so gibt es den Silikon-Peter ebenso wie den Chili-Peter. Enten-Peter aber fährt einen knallroten Citroën 2 CV, die legendäre „Ente". Und er ist der Gast mit der weitesten Anreise: Peter Heuser und seine Lebensgefährtin Esther kommen aus Hamburg zum Ausspannen. „Hier ist es unschlagbar schön. Und nette Gesellschaft hat man immer." Kein Wunder, ergänzt Verwalter Schweinebraten, dass seine Platzrunde schon mal drei Stunden dauere. „Man bleibt überall mal hängen. Ist aber egal: Hier gehen die Uhren anders."

🔴 Campingplatz Brucher Talsperre, Müllenbacher Straße 27a, 51709 Marienheide
www.igz-brucher-talsperre.com
🔴 ÖPNV: Bus 320 und 336, Haltestelle Müllenbach Gemeindezentrum

Mützes großes Glück

8 *Der Affen- und Vogelpark in Reichshof*

Mütze hatte Glück. Auf einer Pelzfarm schien das Ende des kleinen Polarfuchses schon besiegelt, doch dann kam Rettung. Heute sind Mütze und seine Geschwister in Sicherheit, sie streifen durch ein Gehege im Affen- und Vogelpark von Reichshof-Eckenhagen (Oberbergischer Kreis). „Dabei hätte Mütze nicht einmal zu einer Kopfbedeckung getaugt, weil sein Schwanz viel zu klein ist", erklärt Juniorchef Ludger Schmidt den skurrilen Namen des Fuchses, der 2014 geboren wurde. Mit der Gründung des Parks erfüllte sich Schmidts Vater Werner, ein Schüler des Verhaltensforschers Konrad Lorenz (1903–1989), im Jahr 1981 einen Kindertraum. Heute ist daraus eine rund acht Hektar große Anlage geworden, auf der sich mehr als 800 Tiere, 180 Arten, tummeln: Im Streichelzoo meckern die Ziegen, dort stehen Erdmännchen stramm, da kommen Sittiche angeflogen, um Körner aus Besucherhänden zu picken, während Pfaue Räder schlagen.

Damit gilt der Park derzeit als größter privat geführter Zoo in Nordrhein-Westfalen. Neu sind die Polarfüchse und die Nachtreiher nebenan. Überhaupt hat sich die Anlage 2016 deutlich verändert, die hölzerne Spielstadt Bullerbü und ein Hexengarten sind hinzugekommen – dort kommen Enten in den Ofen: Der ist in Wirklichkeit ein versteckter Stall. Eine hohe sechsstellige Summe hat die Familie nach eigener Auskunft in solche Attraktionen investiert, die im Jahr rund 130.000 Tierfreunde besuchen. Sie wandern über den drei Kilometer langen Rundweg und erreichen schließlich das Reich der Affen: Auf einer 12.000 Quadratmeter großen Wiese mit See treiben Berberaffen Schabernack und klettern auf Besucherarme. Und im Nachbargehege flitzen Totenkopfaffen über den Köpfen der Beobachter über Hängeleitern und springen von Baum zu Baum. Oder eben von Besucher zu Besucher.

TIPP Das Bauernhofmuseum in Eckenhagen ist unbedingt einen Besuch wert.

◉ Affen- und Vogelpark Eckenhagen, Am Bromberg, 51580 Reichshof, Tel. (0 22 65) 87 86
www.affen-und-vogelpark.de
◉ ÖPNV: Bus 303, Haltstelle Eckenhagen-Kurpark, rund 20 Minuten Fußweg

Weite Blicke ins Bergische

9 — Der Turm „Auf dem Lindchen" in Nümbrecht

Mehr als zwei Jahre mussten die Nümbrechter und Gäste ihrer Gemeinde auf weite Blicke ins (Ober-)Bergische Land verzichten: Zu morsch, zu marode, zu gefährlich hatten Experten geurteilt und den hölzernen Aussichtsturm auf dem Nümbrechter Lindchen (Oberbergischer Kreis) geschlossen. Im April 2016 wurde das 1974 zur Landesgartenschau errichtete Bauwerk mit einem Fest wiedereröffnet – nach aufwendiger, rund 350.000 Euro teurer Sanierung, bei der Planke für Planke, Balken für Balken gegen stabiles Lärchenholz ausgetauscht worden war. 154 Stufen führen hinauf zum Plateau, von dort oben – 341 Meter über dem Meeresspiegel – zu sehen sind Schloss Homburg, der Rhein, das Siebengebirge, der Aussichtsturm des Naturerlebnisparks Panarbora in Waldbröl und sogar das Rothaargebirge. 34 Meter misst der Nümbrechter Turm in der Höhe und überragt damit jeden Baum ringsum. Der Bergische Panoramasteig führt ebenso daran vorbei wie die örtliche Wanderroute „Schlossblicke" rund um Schloss Homburg.

Einst standen im Oberbergischen vier solcher Aussichtstürme aus Holz, übrig sind heute nur der in Nümbrecht und der Turm auf dem Bergneustädter Knollen. Von Pilzen und Fäulnis befallen, mussten die beiden anderen auf dem Ellberg in Marienheide und dem Reichshofer Külberg zu Fall gebracht werden. In Nümbrecht aber geriet der Erhalt des

TIPP — Spazieren Sie in Nümbrecht durch den weitläufigen Kurpark mit vielen Skulpturen.

hölzernen Riesen zum Politikum. Doch die Rettung glückte. Und nicht nur das: Am Fuß des Turmes erwachte Liebe auf den ersten Blick. Dort fand das Ehepaar Marita und Winfried Spitzbarth, eigentlich im Schwarzwald zu Hause, in dem damals leer stehenden „Turmstübchen" das so lange gesuchte Café: „Mehr als 20.000 Kilometer sind wir auf der Suche nach einer solchen Immobilie durch Deutschland gefahren", blickt Winfried Spitzbarth zurück. „Ausgerechnet das allerletzte Angebot hat unser Herz entflammt."

◉ Aussichtsturm „Auf dem Lindchen", Gaststätte Turmstübchen, Höhenstraße 99, 51588 Nümbrecht
◉ ÖPNV: Bus 312, Haltestelle Rhein-Sieg-Klinik

Sitzend die Festung erobern

 Der Sessellift auf Schloss Burg in Solingen

Wer die mächtige Anlage auf dem Bergsporn erobern will, der muss keinen Berg hinaufschnaufen. Schloss Burg in Solingen, rund 100 Meter oberhalb der Wupper errichtet, ist bequem zu erreichen, mit dem Auto und zu Fuß. Und das tun mehr als 170.000 Schaulustige im Jahr, so die Zahlen des Schlossbauvereins. Dieser unterhält das Gemäuer, das in seiner heutigen Gestalt auf Rekonstruktionen aus dem Jahr 1715 und eine 1892 begonnene Restaurierung zurückreicht. Doch es geht luftiger: Seit 1952 führt eine 250 Meter lange Seilbahn mitten ins Innere der Burganlage, die zu Beginn des zwölften Jahrhunderts entstand und den Grafen von Berg, den Namensgebern des Bergischen Landes, als neue Residenz dienen sollte.

Das Beförderungsmittel war im Jahr seiner Eröffnung die erste Personenseilbahn Nordrhein-Westfalens und werde seither, so teilen die Betreiber mit, von 200.000 Fahrgästen genutzt, also mehr Menschen, als die innere Burganlage besuchen. Sie überwinden damit den Weg von der Unterburg der mehr als 18.000 Quadratmeter großen Festung in die Oberburg. „Das ist ein Abenteuer, das seinesgleichen sucht", weiß Senior-Inhaber Hans Irlenbusch. „Und die Freude darauf ist bei allen Menschen – egal, ob kleiner oder groß – immer riesig." Neuerdings können auch Fahrräder mit der Seilbahn transportiert werden, „das wird immer öfter genutzt". Oben angekommen, erwarten unzählige Ausflugsgaststätten und Souvenirgeschäfte Gäste und Kunden. Und von dort ist der Weg in die innere Anlage mit dem Palas und dem 31 Meter hohen Bergfried kurz. Bereits am 13. September 1953 kletterte der millionste Fahrgast in einen der 30 Doppelsitze.

Unterwegs überwindet die Seilbahn einen Höhenunterschied von 91 Metern, fast 500 Meter misst das Förderseil, das ein 56 PS starker Gleichstrommotor in Bewegung hält. Für 32 Millionen Euro soll bis zum Jahr 2026 Schloss Burg saniert und renoviert werden, erstes Bauvorhaben ist der Bergfried.

TIPP *Unterscheiden Sie im Museum Plagiarius in Solingen Originale und Fälschungen.*

 Seilbahn an Schloss Burg (Talstation), Hasencleverstraße 2, 42659 Solingen, Tel. (02 12) 4 31 81
www.seilbahn-burg.de
 ÖPNV: Bus 683, Haltestelle Burg-Seilbahn

Zeugen der Jahrtausende

11 Der Gesteingarten in Hennef

Steinlehrpfad? Gesteingarten? Selbst Ur-Hennefer ziehen die Stirne kraus. In der Tat ist der Gesteingarten etwas in Vergessenheit geraten. An den Ausläufern des Kurparks im Hennefer Stadtteil Geistingen (Rhein-Sieg-Kreis) gelegen, lädt das kleine Gelände nicht nur zu Reisen in die Erdgeschichte ein, sondern es offenbart sich von dort oben, auf dem Steimelsberg, auch ein Panoramablick in die Region. Rund 250 Millionen Jahre alt ist der Rhyolith, ein vulkanisches Gestein, das da im Grünen ebenso ruht wie der nur 20 Millionen Jahre alte Säulenbasalt, während die Brocken aus Schaumlava, die von Glimmer- und Augit-kristallen durchzogen sind, gerade mal von 600.000 Jahren Vergangenheit zeugen. 22 solcher Steinformationen sind es insgesamt – ein Glücksfall für jeden, den das Werden der Welt fasziniert. 1981 hat sich der Hennefer Verkehrs- und Verschönerungsverein damit zu seinem 100-jährigen Bestehen ein kleines Denkmal gesetzt. Der Ort Geistingen gilt übrigens als der älteste Teil der heutigen Kleinstadt.

So spiegelt der Gesteingarten auch die Geschichte des Siegortes, zum Beispiel des örtlichen Bergbaus. Kugel- und Säulenbasalt erinnern an die Steinbrüche bei Happerschoß und am Eulenberg. Der Trachyt, einst gebrochen im nahen Siebengebirge und etwa für den Bau des Kölner Doms gebraucht, ist ein anderes wichtiges Baumaterial aus vergangenen Epochen. Klaffende Wunden am Drachenfels erzählen noch heute davon. Korallenkalk und Muschelbank sind auch im Bröltal zu finden, als Relikte eines Meeres, das dort einst wogte. Wer diesen Lehrpfad entdecken möchte, der gibt in sein Navigationsgerät die Adresse „Zum Steimelsberg" ein und parkt sein Auto vor den Toren der psychotherapeutischen Eschenberg-Wildpark-Klinik: Der Gesteingarten liegt oberhalb davon, unterhalb des Klinikgeländes ist zudem ein Damwildgehege.

TIPP Spazieren Sie durch den Kurpark und zu Trude, dem hölzernen Walross der Kettensägenkünstlerin Uschi Elias.

◉ Gesteingarten, Zum Steimelsberg, 53773 Hennef
◉ ÖPNV: Bus 516 und 525, Haltestelle Hennef, Geistingen Waldfrieden, 20 Minuten Fußweg

Im Handballfieber

 ## Die Schwalbe-Arena in Gummersbach

Feuerfontänen, dazu AC/DCs Metal-Hymne „Thunderstruck": Die Spieler des VfL Gummersbach stürmen aufs Spielfeld. Und dazu tanzt Gummi, das Riesenkänguru im Dress des Handball-Bundesligisten. In der Schwalbe-Arena auf dem Steinmüllergelände mitten in Gummersbach (Oberbergischer Kreis) sind die Zuschauerränge voll wie immer. Mehr als 4130 Plätze bietet der im August 2013 eröffnete Sporttempel den Fans des Vereins, bei dem einst auch Weltmeister-Handballtrainer Heiner Brand als Kreisläufer Bälle warf, Torwart Andreas Thiel den Namen „Der Hexer" bekam und Handball-Punk Stefan Kretzschmar zum Nationalspieler reifte – und das sind nur wenige Namen aus der Geschichte des Klubs, der im Jahr 1861 als „Verein für Leibesübungen" gegründet wurde und viele Jahre in der Eugen-Haas-Halle spielte, wegen des Platzmangels dort manchmal in die Köln-Arena umzog. Noch immer ist die Eugen-Haas-Halle für echte Fans ein wahrer Glücksort: „Dort wurde der Sport familiär", erinnert sich Claudia Thamm, Vorsitzende von „Blue White Dynamite", dem 1999 gegründeten und damit ältesten Fanklubs des VfL. Diese Familie hat heute mehr als 160 Mitglieder und in der nach dem Hauptsponsor benannten Schwalbe-Arena ein Zuhause gefunden: Sie schlagen Trommeln, klatschen sich die Hände wund und bejubeln eine Mannschaft, die zu Heavy-Metal-Klängen einläuft, Tore aber mit Helene Fischers „Ich will immer wieder dieses Fieber spür'n" feiert.

TIPP *Kehren Sie im Brauhaus, Hindenburgstraße 15, ein und bestellen Sie das hauseigene Oberberger Bräu.*

Familiär heißt jedoch auch, dass nach der letzten Spielminute kein Profi das Feld verlässt: Die VfL-Handballer schreiben Autogramme, posieren für Fotos und lächeln für Selfies Handydisplays entgegen, diskutieren mit den Fans das just vergangene Spiel. „Fußballer würden das nicht machen", ist Claudia Thamm überzeugt. Sie schwärmt für die Jungs in Blau und Weiß – und ihre Bodenständigkeit.

Schwalbe-Arena, Heiner-Brand-Platz 1, 51643 Gummersbach, Tel. (0 22 61) 8 08 30
www.vfl-gummersbach.de und www.schwalbe-arena.de
ÖPNV: RB 25, Haltestelle Gummersbach Bf.

Nicht das übliche Angebot

 Der Vieh- und Krammarkt in Waldbröl

Hühner scharren und gackern, Kaninchen flitzen durch Käfige, irgendwo grunzt ein Ferkel. Wer über einen Wochenmarkt bummelt, sieht nur selten Tiere. Obst, Gemüse, Gewürze, das übliche Angebot. In Waldbröl (Oberbergischer Kreis) aber gibt es einen Markt, auf dem auch heute noch Tiere zu haben sind, den Vieh- und Krammarkt: 1852 erhielt die heutige Kleinstadt vom Königlichen Oberpräsidium der Rheinprovinz zu Köln das Privileg, einen Viehmarkt abzuhalten, weil Ackerbau im Bergischen Land mit seinen oft steilen Hängen kaum möglich ist. Und jenen Handelsplatz gibt es eben immer noch: Mehr als 150 Händler auf einer Strecke von 1,5 Kilometern locken an jedem zweiten und vierten Donnerstag im Monat bisweilen sogar 15.000 Besucher ins Stadtzentrum, die Parkplatzsuche gerät dort prompt zur Glückssache. „Viele Anbieter kommen seit Jahrzehnten", weiß Günter Härting, Marktmeister seit 1983. Eigentlich ist er längst in Rente. „Und mancher Kunde kommt ebenso lange." Auch wenn heute niemand mehr nach einer schönen Kuh oder einem stattlichen Hengst Ausschau halte, denn seit den 1950er-Jahren ist das Angebot an lebenden Tieren zurückgegangen, wird Kleinvieh in der Markthalle weiterhin angepriesen.

TIPP *Essen Sie eine Marktwurst. Es heißt, das Original gebe es an dem kleinen Stand am Römerkeller.*

Dafür gibt es eben mehr Kram: Meinte der Begriff einst sämtliche Dinge, die ebenso wie die Tiere zu einer Landwirtschaft gehören, so bezeichnet er heute in Waldbröl auch Handyhüllen, Wurzelbürsten und weiße Baumwollsocken – aber in erträglichem Maß. „Hier gibt es einfach ein besonderes Einkaufserlebnis unter freiem Himmel", bringt es Härting auf den Punkt. Oft genug sieht er, wie mancher Händler am späten Vormittag schon das „Ausverkauft"-Schild an die Auslage hängt.

◉ Vieh- und Krammarkt, Stadtzentrum Waldbröl, vor allem Hochstraße, jeweils 8–12 Uhr
www.wir-fuer-waldbroel.de
◉ ÖPNV: Bus 302, 303, 312, Haltestelle Waldbröl Bus-Bf.

171 Stufen zum Glück

14 *Der Aussichtsturm auf dem Unnenberg*

Auf einer Höhe von fast 32 Metern ist das Ziel endlich erreicht: Auf dem Aussichtsplateau des Aussichtsturms auf dem Unnenberg in der Gemeinde Marienheide (Oberbergischer Kreis) pfeift der Wind bisweilen recht ordentlich, doch weit reicht der Blick hinauf bis Langenberg im Norden und hinab bis zur Gemeinde Windeck im Süden des Bergischen Landes, dazwischen grüne Hügel und Landschaft pur, zudem an Wochenenden der Lande- und Startverkehr auf dem Bergneustädter Flugplatz „Auf dem Dümpel". Am Horizont erhebt sich das Siebengebirge, grüßen der Kölner Dom, die Hohe Acht in der Eifel oder sogar der Rhein-Weser-Turm in Oberhundem (Kreis Olpe): Wer Glück hat und beste Fernsicht erwischt, dem offenbart sich also ein unvergessliches Panorama. Bei Wind wiegt der Riese sich sanft hin und her, darunter rauscht dichter Wald.

Rund 45 Meter misst der Turm insgesamt, errichtet aus 72 Tonnen Stahl, die von acht Tonnen Bolzen und Schrauben gehalten werden, und das auf einem 453 Tonnen schweren Betonfundament. Höher als der Unnenberg mit seinen knapp 506 Metern, im Nordosten des Naturparks Bergisches Land gelegen, sind nur die Gummersbacher Homert mit 518 Metern und Reichshofs Silberkuhle (515 Meter). Eingeweiht wurde der Marienheider Stahlkoloss nach einer Bauzeit von sechs Monaten im Juli 2001, er löste seinen Vorgänger von 1934 ab. Dieser war aus einem Hochspannungsmast entstanden.

TIPP Stöbern Sie in den Antiquariaten des Bücherdorfs und im Alten Fuhrmannshof von Müllenbach.

Wer an dessen Fuß einen kleinen Obolus für den Aufstieg in die Sparbüchse wirft, zahlt damit nicht nur das Eintrittsgeld für den Turm: Ein Datenblatt gibt Wissenswertes über das Bauwerk und seine Umgebung preis.

Aussichtsturm auf dem Unnenberg, Unnenberger Straße, 51709 Marienheide, Tel. (0 22 61) 54 81 13

Alle Wetter!

15 *Der Heckberg in Much*

„Schöne Aussicht" heißt es schlicht, der Schriftzug an einem verwitterten Pflock aus Eichenholz weist knapp die Richtung. Es geht einen schmalen Schotterpfad hinab, an einer Bank und Bienenstöcken vorbei. Und plötzlich tut sich ein Panorama auf, das seinesgleichen sucht: Auf dem Heckberg in der Mucher Ortschaft Heckhaus (Rhein-Sieg-Sieg-Kreis) lassen sich Wetterstudien betreiben. Nahezu grenzenlos scheint der Blick, der indes manche Wetterscheide erfasst. Den Horizont säumt das Siebengebirge, bei klarer Sicht sind Ölberg und selbst Drachenfels gut zu erkennen. Dort, im Dreieck der Kreise Rhein-Sieg, Rhein-Berg und Oberberg, ist das Glück echter Stille zu erleben, allein der Wind rauscht.

Der Weg auf diese Wiese mit Weitsicht beginnt am Wanderparkplatz im kleinen Ort Heckhaus am Ende der Ortszufahrt. Von dort geht es, an einem Mahnmal vorbei, hinein in das Waldgebiet Heck. Dieses ist umgeben von Natur- und Landschaftsschutzgebieten. Unterwegs bremst eben jener Pfosten am Wegrand den Schritt und lenkt ihn hinab zur Ruhebank. Das Besondere: Der Heckberg hat zwei Kuppen auf nahezu gleicher Höhe von rund 384 Metern. Wirklich alte Spuren der Brüderstraße, des mittelalterlichen Handelswegs, sind heute

TIPP Die „Bürgerinitiative zum Erhalt des Naafbachtals" lädt oft zu Wanderungen ein: www.naafbachtal.org.

kaum noch auszumachen. Die frühere Trasse ist als Elisabethpfad und Kurkölner Weg bezeichnet. Einst war der Ort Heckhaus der höchste Punkt auf dieser Route zwischen Köln und Denklingen (heute Gemeinde Reichshof) bis hin nach Marburg. In späteren Jahrhunderten war Heckhaus als Wohnort nicht sehr beliebt: Zu viele Niederschläge und ein harscher Westwind machen das Leben dort nicht gerade bequem, aber der Wind verspricht eben auch wechselnde Sicht.

Westlich, rund zwei Kilometer entfernt, ragt zudem der Kleine Heckberg (348 Meter) auf, an dem der Naafbach entspringt. Das Naafbachtal ist für seine Artenvielfalt bekannt: Eisvogel, Rotmilan, Neuntöter und der Schwarzstorch sind dort (wieder) heimisch.

○ Heckberg, 53804 Much-Heckhaus

Mit Rossini durchs Bergische

16 *Unterwegs mit dem „Schwyzer Poschti"*

Ein sattes Motorgrummen, danach Wilhelm Tell. Cis – E – A, das ist der durchdringende Dreiklang, mit dem Nils W. Bräm seine Ankunft kundtut. Mit knapp neun Tonnen rollt der Schweizer aus Neunkirchen-Seelscheid (Rhein-Sieg-Kreis) vor und lädt ein zu gemütlichen Fahrten ins Bergische Land. Meist beginnen diese am Bahnhof in Siegburg. 2,30 Meter misst Bräms Gefährt in der Breite, stattliche 10,40 Meter ist es lang. Und im Motor arbeiten 215 Pferdestärken. Seit dem Jahr 2010 steuert der Mann seinen „Schwyzer Poschti" über sehenswerte Strecken. Und das eben gern begleitet von der Ouvertüre aus Rossinis Oper, der Hupe am gelben Postbus – oder vielmehr am „Postauto", wie der Schweizer in seiner Heimatsprache sagt. „Ich möchte den Menschen eine Art des Reisens nahebringen, die fast in Vergessenheit geraten ist", erklärt Bräm die Idee abseits des Unternehmerischen. „In der Schweiz fahren solche Busse natürlich heute noch." Er selbst stammt aus Männedorf am Zürichsee im Kanton Zürich, sein Fahrzeug mit 40 Sitzplätzen erhielt am 1. Juli 1973 in Sion die Erstzulassung. Gebaut worden ist der Bus der Marke Saurer, Typ 3DUK-50, in Arbon am Bodensee.

TIPP

Steigen Sie in Siegburg in den „Schwyzer Poschti", so erklimmen Sie dort den Michaelsberg mit der Abtei.

Nirgendwo ist Nils W. Bräm glücklicher als auf dem Fahrersitz. Und diese Leidenschaft geht so weit, dass der Buslenker, der eigentlich Lehrer von Beruf ist, in den Schulferien in die Heimat reist, um in Thusis und der Region Via Mala als sogenannter Ablöser-Chauffeur (Aushilfsfahrer) moderne Postbusse über kurviges Straßen-Auf- und-Ab zu steuern: „Da finde ich endlich Ruhe und kann über vieles nachdenken – ein gutes Mittel gegen die deutsche Hektik." Am Lenkrad des „Poschti" ist noch echte Handarbeit gefragt: „Koordination ist immer das Wichtigste", verrät der Schweizer und denkt etwa an die Bewegungsabläufe am kniffligen Schnellganggetriebe, das viel Kraft auf den Asphalt bringt, damit der „Poschti" durch jedes Gebirge kommt.

▶ „Schwyzer Poschti", Tourenangebot im Internet unter www.schwyzer-poschti.de

Verstecktes Kleinod

17 — Der Garten „Rosige Zeit" in Waldbröl

Für Besucher schlägt Siggi stolz das Rad. Dann steht er da, mit erhobenem Haupt, langsam dreht er sich in alle Richtungen. Die Scheu vor Menschen hat der sechs Jahre alte Pfau längst verloren, geduldig posiert Siggi für Fotos und zeigt sein prächtiges Federgewand. Und wenn es Kekse gibt, pickt er Andrea Barnett aus der Hand. Seit dem Jahr 2009 hüten sie und ihr Lebensgefährte Stephan Leuschner die Gartenanlage „Rosige Zeit", ein echtes Kleinod im Fachwerkort Waldbröl-Dickhausen (Oberbergischer Kreis). Recht versteckt windet sich dort eine schmale, holprige Straße durchs Grüne. Zur Linken ein Bauernhof, Weiden und Kühe. Zur Rechten ein Bach, in kunstvollen Schwüngen gemähte Wiesen, ein paar Skulpturen und auf der anderen Seite ein himmelblaues Holzhaus. „Nur der Vorgarten", sagt Leuschner.

Fast 10.000 Quadratmeter groß ist das Gelände insgesamt, 5000 davon nimmt allein der Garten ein. Dessen Geschichte beginnt wohl vor rund 250 Jahren. „Damals war er eine Parklandschaft", schildert Andrea Barnett. Ihr Heim, das Kämpchen Haus, wurde 1897 errichtet, „da gab es den Park schon". Mächtige Platanen stehen dort, üppige Eichen, Eiben, Kiefern, Zypressen und Ahornbäume ebenso, die meisten sind für Waldbröl alles andere als typisch. Vier Pfauen stolzieren dort durchs Grüne, und in den Rabatten wachsen mehr als 100 seltene und vor allem alte Rosenarten, etwa „Jacques Cartier", „Président de Sèze" (Rosa gallica oder Essigrose), „Rose de Resht" (Damaszener Rose).

TIPP — *Kehren Sie in der urigen Gaststätte Zur Klus in Niederhof ein und bestellen Sie ein Fladenbrot.*

Das ehemals Kölner Paar hat für sich den idealen Ort gefunden, um sich ein Atelier einzurichten und dort kreativ zu sein: Andrea Barnett und Stephan Leuschner arbeiten als Kunsthandwerker, sie bereisen die ganze Republik. „Unsere Liebe zu den Rosen sieht man nicht nur, man riecht sie auch", betont Andrea Barnett – ein Glück, das die beiden Hüter gern teilen: Nach einer Anmeldung dürfen auch Gäste „Rosige Zeit" genießen, an Rosengetränken nippen und den Alltag vergessen, während Siggi Rad schlagend um Aufmerksamkeit heischt.

○ „Rosige Zeit", Alte Hoftstraße 9c, 51545 Waldbröl,
Besuche nach Absprache, Tel. (0 22 96) 9 00 30 58, www.rosigezeit.com
○ ÖPNV: Bus 311, Haltestelle Waldbröl, Bröl Dickhausen

Gespeist aus 37 Quellen

 Die Wipperquelle in Marienheide

Mit lang ausgestrecktem Arm weist die freundliche Dame die Richtung. Offenbar ist es nicht das erste Mal, dass jemand nach dem wirklichen Weg fragt, und nicht auf gut Glück suchen will. Das Auto parkt am Straßenrand, dahinter erstreckt sich eine Wiese, auf der – wie hingewürfelt – ein paar Bäume stehen. „Weiter", ruft die Frau. Und so geht es quer übers Grün, an einem Schuppen vorbei und durch einen schmalen Hain. Da plätschert sie auch schon, die kleine Wipper. Hier, in der Marienheider Ortschaft Börlinghausen (Oberbergischer Kreis), heißt die Wupper noch Wipper und ist kaum mehr als ein seichter Bach. Mit einem großen Schritt geht es auf die andere Seite, wieder hinaus aus dem Hain und etliche Meter daran entlang. Bis zum Ursprungsgebiet mit seinen 37 Quellen ist es nicht weit, es ist im Gehölz leicht zu erkennen – und immer zu hören. Feucht ist der Boden im Hochmoor dort, die Füße sinken ein. Rund vier Hektar misst das Naturschutzgebiet ringsumher. Mit der offiziellen Wipperquelle, die ein Stein an der Straße ‚Zur Wupperquelle', markiert, hat dieser Ort übrigens nichts zu tun: Ein künstlich angelegter Seitenarm umfließt jenen Markierstein.

TIPP *Besuchen Sie die liebevoll restaurierte Lambach-Pumpe in Marienheide-Opperwipper, Tel. (0 22 64) 83 67.*

Fast 117 Kilometer liegen vor der Wipper, die auf ihrem Weg in den Rhein bei Leverkusen-Rheindorf auch noch 400 Höhenmeter zu überwinden hat. Nach etwa 15 Kilometern erreicht der Fluss den Ort Leiersmühle in der Hansestadt Wipperfürth und wechselt den Namen. Im Mittelalter gab es dort eine Furt, an der Handelsreisende das Wasser überquerten. 200 Brücken überspannen die Wupper heute, allein 90 davon stehen in Wuppertal.

▶ Wipperquelle, in Höhe des Hauses 65 an der Straße Zur Wupperquelle führt gegenüber ein Trampelpfad über die Wiese und zum Quellgebiet
▶ ÖPNV: Bus 320, Haltestelle Börlinghausen

Die schöne Schrift

19 Das Museum für Schreibkultur in Wiehl

Behutsam setzt Martin Heickmann die Feder an, zieht er den ersten Schwung über das weiße Papier: Breit in der Mitte, auslaufend, sich verjüngend an den Enden. Dann wechselt Heickmann die Farbe und beginnt erneut. So entsteht ein Kunstwerk. Der Kunst des Schönschreibens gilt Heickmanns ganze Leidenschaft, schon das Schreiben an sich habe ihn fasziniert. Im Juli 2016 hat der frühere Kundendienstleiter einer Spedition seiner Passion endlich Raum gegeben und am neuen Wohnort nicht nur ein Atelier eingerichtet, sondern auch ein Museum für Schreibkultur eröffnet. Und das mitten im Wiehler Alpetal (Oberbergischer Kreis) im Fachwerkhof eines Kirchguts, das wohl um 1550 errichtet wurde. Schon der Ort allein ist sehenswert. „Eine Oase der Ruhe", beschreibt Heickmann diesen privaten Schatz, der ihn in das winzige Dorf Koppelweide geführt hat.

Seine Leidenschaft für die schöne Schrift, so berichtet der Fachmann, sei wohl 1990 beim Besuch des Freilichtmuseums im niedersächsischen Cloppenburg erwacht. Heute lässt der Anblick alter Schreibgeräte sein Herz höher schlagen. Viele hat Heickmann zusammengetragen und in Vitrinen und Schaukästen ausgebreitet. Und wenn er vom Schreiben mit dem römischen Stilus und dem modernen Schulfüller erzählt, ist das keine Sekunde langweilig. Eines der vielleicht seltensten Stücke ein kleines Maschinchen: Es spitzt Federkiele an. „1820 hat die Bank of England allein fünf Millionen Gänsekiele verbraucht", zitiert Heickmann eine Rechnung von damals. Auch weiß er, wie aus Eisensulfat, Gummi arabicum und Galläpfeln Tinte (von lateinisch tincta = gefärbtes Wasser) gebraut werden kann, indem man Wein oder eben Wasser hinzufügt. Groß ist derweil die Zahl von Martin Heickmanns Schreibfedern, die er mit viel, manchmal sehr viel Glück auf Trödelmärkten und bei Antiquitätenbörsen erspäht: Kleine Kunstwerke sind sie, bisweilen verziert mit den Abbildern großer Persönlichkeiten ihrer Zeit.

TIPP Wenn Sie Angler sind, werfen Sie Ihre Rute an einem der vielen Angelteiche im Wiehler Alpetal aus.

▶ Museum für Schreibkultur, Koppelweide 2, 51674 Wiehl,
Besuche nach Anmeldung unter Tel. (0 22 62) 7 51 05 90

Rote Rinder, blaue Hühner

 Der Klosterhof in Gummersbach

Wo die Schafe grasen? „Na, dort", sagt Peter Schmidt und deutet mit ausgestrecktem Arm auf eine steile Hangwiese. Oben, ganz oben auf der Kuppe, tummeln sich tatsächlich 50 Bergschafe unter einem Baum. Wer also mit dem 54 Jahre alten Bauern – der Begriff „Landwirt" behagt Schmidt so gar nicht – den Klosterhof in Gummersbach-Bünghausen (Oberbergischer Kreis) besichtigt und durchs Grüne schnauft, der sollte den einen oder anderen Aufstieg nicht scheuen. Etwa 20 Hektar Land nennt Schmidt sein Eigen, ein zusammenhängendes Hofgelände gibt es nicht. Denn Schmidt, der früher mal Wirtschaftsjournalist gewesen ist, und seine Ehefrau Susanne Schulte führen einen Archebetrieb: Alt sind die Rassen, weitläufig die Weiden, und das Angebot richtet sich stets nach dem Vorhandenen. Bergschafe, Rotes Höhenvieh, Les-Bleues-Hühner und Abtenauer Kaltblüter sind des Bauern Kapital. 1997 hat Schmidt mit der Viehhaltung begonnen: Ein alter Landwirt hatte ihm zwei Schafe und einen Bock geschenkt, seither ist dem Bünghauser der Erhalt alter Arten eine Herzensangelegenheit.

TIPP
Kaufen Sie ein und wählen Sie bergische Waren mit dem Siegel „bergisch pur".

Seine Rinder seien wesentlich robuster als junge Leistungszüchtungen, sagt der Fachmann über das selten gewordene Rote Höhenvieh, das in vergangenen Jahrzehnten auf vielen Weiden graste. „Diese Tiere heute wiederzusehen, das ist für viele Menschen im Bergischen Land ein Augenblick des Glücks", weiß Peter Schmidt, für den zudem alles seine eigene Zeit hat. Vom 20. Mai bis 20. Juni hat er daher auch für Gäste keinen Platz im Kalender: „Dann machen wir Heu." 4500 Liter Milch, Ochsen- und Färsenfleisch, Wolle sowie natürlich die schmackhaften Eier der Hühner mit den blauen Füßen sind die Bio-Waren, die das Ehepaar anbietet: Per E-Mail werden die Kunden informiert, wann was zu haben ist. Eier gibt es jederzeit an der Haustür.

Klosterhof, Hömelstraße 12, 51645 Gummersbach,
Hofführungen und Kindergeburtstage nach Anmeldung, Tel. (0 22 61) 7 83 69
www.klosterbauer.de

Schwimmen mit viel Aussicht

Das Panoramabad in Engelskirchen

Der Tag ist noch jung, und doch ziehen erste Schwimmer schon ihre Bahnen. Wer aber ins Wasser will, der muss hoch hinauf auf einer gewundenen Straße: Auf dem Schalken in der Gemeinde Engelskirchen (Oberbergischer Kreis) liegt das Panoramabad. 195 Meter hoch über dem Ort Rommersberg eröffnet sich ein breites Panorama: Auf der anderen Seite der beiden Schwimmbecken erstrecken sich oberbergische Höhenzüge in sattem Grün, darauf grasen glückliche Kühe. Ihnen zu Füßen liegt das Aggertal. Im Sommer 1964 wurde das Freibad eröffnet, heute ist es im Besitz der Gemeinde. Ein rühriger Förderverein organisiert den Betrieb in der Saison mit viel Herzblut. 50 Meter misst das Schwimmerbecken in der Länge, eine Edelrutsche verkürzt rasant den Weg in die Wogen. 20 Meter lang ist zudem das Planschbecken für Kleinkinder, an dessen Rand eine kunterbunte Raupe wacht. „Und eine spezielle Folie sorgt dafür, dass die Kinder beim Toben keine Schürfwunden davontragen", nennt die Fördervereinsvorsitzende Barbara Frank einen weiteren Vorzug des im Jahr 2010 erneuerten Beckens. Nebenan steht zudem ein Wasserspielplatz mit Archimedischer Spirale.

TIPP *Wagen Sie sich in die Aggertalhöhle, Im Krümmel 39, und finden Sie heraus, was die Pfaffenritze ist!*

60.000 bis 85.000 Badegäste, so hat der Verein in den vergangenen Badezeiten gezählt, tummeln sich im Jahr auf der weitläufigen Anlage mit hügeliger Liegewiese, viel Aussicht und einem Kiosk. Besondere Höhepunkte sind dort stets die „School's out"-Party, das 24-Stunden-Schwimmen oder das Mondlicht-Baden zu später Stunde mit Musik und bunten Lichtern, da ist schon mal Schlangestehen vor dem Eingang angesagt. 2014, zum 50-jährigen Bestehen, wurde die Anlage aufwendig saniert. Seither ist sie barrierefrei zugänglich.

Panoramabad, Am Freibad, 51766 Engelskirchen, Tel. (0 22 63) 31 42
www.panoramabad-engelskirchen.de
ÖPNV: Bus 332, Haltestelle Pfarrer-Rembold-Weg Abzw.

Napoleon im Kreuzweg

 22 *Die Basilika Sankt Gertrud in Morsbach*

Über der Mitte Morsbachs (Oberbergischer Kreis) und noch über dem historischen Oberdorf mit seinen Fachwerkhäusern, den schmalen Gassen und den urigen Kneipen thront die Basilika Sankt Gertrud. Erbaut wurde die katholische Pfarrkirche von 1150 bis 1250, ihr dreischiffiger Bau hat sowohl romanische als auch gotische Züge und soll an die Arche Noahs erinnern. Der Turm, 31 Meter hoch, ist wehrhaft ausgebaut und sollte wohl die ersten Christen auf diesem Flecken Erde am Wisserufer schützen. Heute wird dieses Gotteshaus zur Reihe der „Bunten Kirchen" gerechnet, obwohl dieser Begriff einst der Kirche von Gummersbach-Lieberhausen vorbehalten bleiben sollte. Er bezeichnet mittelalterliche Fresken, wie sie auch in Nümbrecht-Marienberghausen, Wiehl-Marienhagen und Bergneustadt-Wiedenest zu sehen sind. In Marienberghausen wurde auch der Teufel an die Kirchenwand gemalt, und das nicht sprichwörtlich.

Aus der Mitte des 13. Jahrhunderts stammen indes die Fresken im Chor der Morsbacher Basilika und in deren Apsis. Sie wurden in den nassen Putz gemalt und sind heute nicht mehr im Ganzen erkennbar. So ist es ein großes Glück, dass sie überhaupt erhalten sind. Entdeckt wurden diese Kunstwerke, nachdem in der Silvesternacht 1953/54 eine Weihnachtskrippe in Flammen aufgegangen war. Weitere Kunstschätze sind die bemalte Holzdecke von 1870 oder der auf Holztafeln gemalte Kreuzweg eines unbekannten Künstlers von 1820, der auf dem fünften Bild kurioserweise den französischen Kaiser und Feldherrn Napoleon in der Gestalt des Simon von Cyrene zeigt. Zu sehen sind weiterhin Arbeiten des von den Nationalsozialisten ermordeten Kirchenmalers Fritz Wingen (1889–1944). Wingen wurde im nahen Holpe geboren. Weil seine Darstellungen von Adam und Eva den Gläubigen 1923 zu freizügig waren, wurden sie mit schwarzer Schuhcreme beschmiert – heute eine eher skurrile Sehenswürdigkeit.

TIPP *Spazieren Sie zum Rathaus. Schießen Sie dort ein Selfie mit Rähn Willem, einem Morsbacher Original.*

▶ **Basilika Sankt Gertrud, Heinrich-Halberstadt-Weg 9, 51597 Morsbach, Tel. (0 22 94) 2 38**
www.morsbach.de
▶ **ÖPNV: Bus 340 und 341, Haltestelle Morsbach Bus-Bf.**

Glück auf!

23 *Die Grube Silberhardt in Windeck*

Natürlich wollen die Kinder sofort wissen, was ein Bergmann tat, wenn ihn tief unter der Erde ein dringendes Bedürfnis plagte. Und natürlich gibt es während der 45-minütigen Tour von Führer Eberhard Baumgart unter Tage auch auf diese Frage eine ausführliche Antwort. Seit 1999 ist die 1936 stillgelegte Grube Silberhardt im Windecker Ort Öttershagen (Rhein-Sieg-Kreis) als Besucherbergwerk mit einer begehbaren Strecke von zurzeit etwa 270 Metern geöffnet. Doch wirkt alles so, als kämen die Kumpel, viele davon waren damals Kinder, gleich zurück und machten sich wieder an die harte, gefährliche Arbeit. So wie einst Baumgart selbst, der Besuchergruppen mit einem herzlichen „Glück auf!" begrüßt. Früher wurde in der Grube Silberhardt vor allem Erz, aber auch Silber, Blei, Zink und Kupfer abgebaut, und das bei 130 Metern am tiefsten Punkt unter der Erde. Die Ursprünge des Abbaus liegen indes schon im 13. Jahrhundert. Mehr als 15.000 Stunden haben die Mitstreiter einer privaten Initiative für den Erhalt der Grube aufgebracht, um sie als Museum zugänglich zu machen. Ein Informationszentrum gehört dazu, ein Museumsraum, ein kleines Kino und ein Kiosk. Aber nicht nur das: Das Gelände wird weiter ausgebaut. Bald sollen Schienen verlegt werden, damit die alten Grubenlokomotiven wieder fahren können. In der vereinseigenen Werkstatt stehen sie schon bereit, restauriert und fahrtüchtig. Eine dieser beiden Loks ist „Egon", 4,2 Tonnen schwer und 1938 gebaut. In Egons Innerem arbeitet ein unverwüstlicher Deutz-Dieselmotor. Vor zwei Jahren eingerichtet wurde zudem eine Besucherplattform im Stollen, die den Blick in einen eingestürzten und jüngst wiederentdeckten Schacht erlaubt. Wer das Bergwerk betritt, sollte festes Schuhwerk und Kleidung tragen, die schmutzig werden darf. Vor Beginn der Führung werden die Schaulustigen mit Schutzhelmen und blauen Umhängen ausgestattet. Außerhalb des Geländes zeigt zudem ein 1,7 Kilometer langer Rundwanderweg die Geschichte des Bergbaus und der Metallgewinnung im Windecker Ländchen.

TIPP Besuchen Sie auch die Gedenkstätte „Landjuden an der Sieg", Bergstraße 9, in Windeck-Rosbach.

Grube Silberhardt, Eisenbergstraße 29, 51570 Windeck, Tel. (0 22 92) 92 88 87
www.grube-silberhardt.de
ÖPNV: Bus 343, Haltestelle Silberhardt

Picknick mit Ausblick

 24 *Rastplatz an der Burgruine Eibach in Lindlar*

Die Gänseschar denkt gar nicht daran, von der Straße zu weichen. Hier, zwischen Burgruine, Bauernhof und bergisch grünen Wiesen, hat eindeutig das Federvieh das Sagen. Laut schnatternd schreitet die Schar voran, und eigentlich ist es ein Glück, dass die Fahrt nur noch im Watscheltempo vorwärtsführt. Am Rand des Orts Scheel in der Gemeinde Lindlar (Oberbergischer Kreis) stehen die Reste der Wasserburg Eibach. Zugänglich sind sie nicht, aber ein Picknickplatz unter Bäumen gestattet den Blick auf die romantischen Reste, so schön kann tatsächlich eine Ruine sein. Vögel nisten dort, Enten dümpeln auf dem Wasser, und ein paar Ziegen klettern über Mauerreste, während sie an Gräsern knabbern.

Mit der urkundlichen Erwähnung Engelberts von Eibach im Jahr 1356 als Zeuge eines Rechtsgeschäfts fällt der Name der Burg Eibach zum ersten Mal. So geht die Forschung davon aus, dass die Anlage im selben Jahrhundert errichtet wurde. Bis ins 17. Jahrhundert blieb sie im Besitz der einst westfälischen Ritterfamilie von Neuhoff-Ley, die im Jahrhundert zuvor die Burg bereits deutlich erweitert und ausgebaut hatte. In der Nacht vom 16. auf den 17. Dezember des Jahres 1782 wurde sie jedoch völlig zerstört, als ein Feuer auf der Burg tobte: Nur ein Turm und Teile der Vorburg blieben stehen. Ein geplanter Wiederaufbau scheiterte, und 1809 wurde die Festungsruine als Steinbruch versteigert.

TIPP *Besuchen Sie die Ruine der Nachbarburg Neuenberg, die einen schaurig-schönen Aufenthalt verspricht.*

Wie die intakte Burg Eibach vor dem Brand ausgesehen haben könnte, offenbart eine Bleistiftzeichnung des wallonischen Künstlers Renier Roidkin (1684–1741): Sie zeigt ein mehrgeschossiges Haupthaus mit einem Walmdach und einen runden Turm mit spitzer Haube. Erhalten sind das Torhaus und der Gutshof Eibach, beide Immobilien sind bewohnt. Und jener Gutshof ist auch das Ziel der lauten Gänseschar.

○ **Ruine der Burg Eibach, Eibachstraße, 51789 Lindlar**
www.frielingsdorf24.de/bvs

Glücksmomente hinter Glas

 Die Käsetheke bei Feinkost Berge in Nümbrecht

Auf der Girolle wirft der Tête de Moine unter der Kurbel hauchdünne Wellen, schon das ist ein Glücksmoment. Doch ist der Rohmilchkäse in bester Gesellschaft: 25 Käsespezialitäten aus der Schweiz, Deutschland und Italien ruhen hinter dem Glas der Kühltheke im Delikatessen-Importhaus Wolfram Berge. Jetzt sind die Kunden des Familienunternehmens in Nümbrecht-Breunfeld (Oberbergischer Kreis) auf einen ganz anderen Geschmack gekommen: Aus der Snowdonia-Käserei im Norden von Wales, gelegen im Snowdonia-Nationalpark, kommen faustgroße, 200 Gramm schwere Cheddar-Laibe in bunter Hülle. „Die Leute sind verrückt danach", verrät Geschäftsführerin Janet Berge-Birghan, die den im Jahr 1960 gegründeten Betrieb 2009 von ihren Eltern Wolfram und Helga übernommen hat. Etwa 2000 Delikatessen, so schätzt sie, füllen dort heute die Regale. Darunter ist auch der runde Snowdonia „Amber Mist", den, so ergänzt die Expertin, ein Schuss des ältesten Whiskys aus dem Vereinigten Königreich Großbritannien so würzig macht. „Ruby Mist" heißt dagegen die Mischung mit Portwein und Brandy, „Red Devil" der Käse mit Chili und grobem Pfeffer oder „Pickle Power" der mit eingelegten Zwiebeln.

TIPP *Erleben Sie bizarre Kalksteinformationen in der Wiehler Tropfsteinhöhle.*

Zu Beginn der Firmengeschichte steht indes der Handel mit einer „Tessiner Senfsoße", und zwar mit Feige: „Die hat mein Vater in ganz Deutschland bekannt gemacht", erzählt heute die Tochter, die ebenso wie ihre Eltern für neue Gaumenfreuden rund um den Globus reist und gern kleinen Manufakturen eine Chance gibt, deutsche Feinschmeckerzungen zu kitzeln. Und nicht nur das: Etliche der Dips, Soßen und Aufstriche kommen aus der hauseigenen Küche gleich nebenan. Wie aber erklärt sich die Chefin die Lust auf Feinkost? „Die Menschen reisen heute viel und lernen dabei unzählige Geschmäcker kennen", antwortet die Fachfrau. „Und weil heute eigentlich kein Geschmack mehr unerreichbar ist, bringen wir solche Spezialitäten nach Hause."

Wolfram Berge Importhaus für Delikatessen, Alfred-Nobel-Straße 1, 51588 Nümbrecht
www.delikatessen-berge.de
ÖPNV: Bus 312, Haltestelle Niederbreunfeld

Ganz nah am Wasser gebaut

 26   *Der Aggerstrand Loopacabana in Engelskirchen*

Auf der anderen Seite ist alles viel schöner, grüner, belebter, fröhlicher. Auf dem Looper Aggerufer in der Gemeinde Engelskirchen (Oberbergischer Kreis) erfreuen sich nur dichte Brombeerranken und üppiges Gestrüpp ungestörten Wachstums. Dieses Pflanzenglück ist im Sommer 2015 vorbei: Die Looper wollen nicht länger neidvoll aufs andere, das Staadter Ufer blicken: Sie greifen zu Spaten und Schaufeln, zu Scheren und Sägen und schaffen sich auf einem Uferstück von rund 5200 Quadratmetern ihr eigenes Kleinod. Und als dann Bürgermeister Dr. Gero Karthaus ob dieses Anblicks in Gedanken nach Brasilien schweift, ist der Name Loopacabana plötzlich gefunden. „Fertig ist das Projekt aber noch lange nicht", sagt Karl Freisen, einer der zehn Ehrenamtler, die dort den Rasen mähen, die Grillplätze in Schuss halten und immer wieder auch den Müll anderer Gäste aufklauben müssen. Freisen ist es, der Loopacabana ins Internet gebracht hat, damit die in Brasilien sehen können, was so ein kleiner Ort auf die Beine stellen kann. „Ich selbst würde gern eine Wasserspielanlage errichten", verrät Freisen. „Vielleicht wäre auch ein Bootsanleger eine gute Sache."

TIPP *Besuchen Sie die historische Wasserschmiede Oelchenshammer in der Engelskirchener Ortschaft Bickenbach.*

Eigentümer des Geländes ist das Münchner Unternehmen Auer Wasserkraft, das die nahe Staustufe unterhält, Pächter auf unbefristete Zeit ist die Gemeinde Engelskirchen, und Nutzer sind längst nicht mehr nur die Looper Bürger, die dort Badetücher ausbreiten, Nilgänse und Schwäne beobachten und einfach mal lässig abhängen an ihrer Loopacabana. Auch wenn die Idee heute bisweilen müde belächelt oder gar zum Flop erklärt wird, weil die Loopacabana weder ein Freizeitpark noch ein Sportplatz ist. „Sie ist eben ein Treffpunkt für Urlauber, die Senioren aus dem benachbarten Wohnheim, die Familien des Ortes", zählt Karl Freisen auf und freut sich schon aufs nächste Mal, wenn er sich auf den Rasenmäher schwingt.

 Loopacabana, Parkplatz an der Overather Straße in Loope zwischen Aggerstausee Ehreshoven I und Bundesstraße 55, www.initiative-loopacabana.de
 ÖPNV: Bus 310, Haltestelle Loope Kirche

Ein Ort flippt aus

27 *Die Heufresser-Wettkämpfe in Much*

Dort, wo sonst Autos parken, schwappt Wasser in einem Riesenbecken, eine wacklige Wippe führt von einer Seite zur anderen. Rund um die Kirche Sankt Martinus säumen Heuballen die Gassen, unterwegs sind seltsame Hindernisse aufgebaut. Aus dem ganzen Ort wird eine Arena. Und schließlich rennen sie im sonst eher beschaulichen Much (Rhein-Sieg-Kreis) um die Wette, die „Gerlekusener Heuschwänze", die „Heu-Fighter", die „Heide-Jungs" und „Bruno's Eleven". Und auch die „Graskarpfen" aus Groß Köris nehmen Herz und Beine in die Hand: Wenn in Much die Heufresser-Wettkämpfe starten, sind die Athleten aus der brandenburgischen Partnergemeinde im Spreewald dabei.

Wer einmal erleben möchte, wie ein ganzer Ort ausflippt und welche skurrilen Trophäen erwachsene Menschen glücklich machen, sollte dieses Spektakel nicht verpassen. Seit dem Jahr 2006 gibt es die Wettkämpfe, seit 2007 finden sie immer in ungeraden Jahren am letzten Juni-Wochenende statt. Gern würden die Macher weitere Mannschaften aus anderen Regionen begrüßen, versichert Cheforganisator Falko Hartmann.

TIPP *Wenn Ihnen der Trubel zu viel wird, fliehen Sie zur nahe gelegenen Burg Overbach.*

Blaue Flecken und kleinere Blessuren gelte es freilich in Kauf zu nehmen, wenn die Disziplin etwa verlangt, Picknick-Dinge über besagte Wippe zu wuchten – trocken kommt keiner davon.

Der Heufresser ist eine Art Patron der Gemeinde. Der Legende nach saßen einst der katholische Pfarrer, der Bürgermeister und der Dorfarzt am Stammtisch in einer Kneipe, als der Bürgermeister frotzelte: „Herr Pfarrer, Sie haben großen Einfluss auf die Menschen, aber ans Heufressen bringen Sie Ihre Schäfchen dann doch nicht." Der Gottesmann entgegnete, die Gläubigen äßen auch Heu, wenn es Gottes Wille sei. So kam es zu einer Wette. Während der Sonntagspredigt hielt der Pfarrer ein Bündel Heu in den Händen und erklärte, dies seien Heilkräuter von den Gräbern der Heiligen. Wer davon esse, den könne der Teufel nicht vom Tugendpfad abbringen, der werde niemals krank und käme niemals ins Fegefeuer. Also griffen die Mucher reichlich zu ...

● **Heufresser-Wettkämpfe in Much**
www.mucher-heufresser.de
● **ÖPNV: Bus 575, 576 und 577, Haltestelle Much Rathaus**

Ein bisschen Paris

 28 *Der Wallace-Brunnen in Burscheid*

Schnell hat man ihn übersehen. Gut versteckt in einem grünen Winkel, da steht er, der wahrscheinlich einzige Wallace-Brunnen in Deutschland. Dort, wo in der Stadt Burscheid (Rheinisch-Bergischer-Kreis) die Bürgermeister-Schmidt-Straße auf die Hauptstraße trifft, hat er inmitten eines Rondells seinen Platz gefunden. Bekannt sind diese Brunnen mit filigranen, aus Gusseisen gearbeiteten Statuetten aus Paris: Als Trinkwasserspender stehen sie dort etwa an den vielen kleinen Plätzen auf dem Montmatre – der Place du Tertre ist vielleicht der bekannteste – und säumen den Weg hinauf zur Basilika Sacré-Cœur.

Schöpfer dieses Pariser Kulturerbes war im Jahr 1872 der britische Kunstmäzen Sir Richard Wallace (1818–1890), der mit dem Bau der rund 50 ersten öffentlichen Trinkwasserbrunnen arme Menschen, die auf den Straßen der Großstadt um Almosen bettelten, vom Alkohol fernhalten wollte. Darin sah er eine moralische Verpflichtung. Für die Gestaltung griff Wallace auf die griechische Antike zurück und wählte Frauengestalten in Tuniken: Sie verkörpern die Tugenden Güte, Einfachheit, Wohltätigkeit und eben Nüchternheit. Heute stehen fast 80 Wallace-Brunnen in Paris, immer sind sie dunkelgrün. Burscheid aber verdankt sein Exemplar dem Fabrikanten Albert Richartz-Bertrams, der diesen der bergischen Stadt 1903 zum Geschenk machte, nachdem er solche Wasserspiele in der Stadt an der Seine gesehen hatte. Der Unternehmer platzierte diesen Wallace-Brunnen gegenüber seiner Villa an der Höhestraße, selbst beide Weltkriege überstand das Kunstwerk dort unbeschadet. 1965 jedoch fügte ein Lastwagen dem kleinen Wahrzeichen erheblichen Schaden zu. 2003, nach Jahren der Einlagerung, zog der endlich instand gesetzte Brunnen an jenen geschützten Ort in Burscheids Mitte um.

TIPP Entdecken Sie auf Gut Landscheid die perfekte Symbiose aus mittelalterlichem Rittersitz und modernem Hotel.

● **Wallace-Brunnen, Bürgermeister-Schmidt-Straße/Ecke Hauptstraße, 51399 Burscheid**
● **ÖPNV: zahlreiche Busse, zum Beispiel 239 und 240, Haltestelle Burscheid, Goetzewerk**

An feinen Fäden

29 *Das Marionettenatelier Vogel in Morsbach*

In der Kunstszene des Bergischen Landes hat Christiane Vogel längst ihren festen Platz. Doch dass die gelernte Schauwerbegestalterin auch Marionetten baut, wissen wenige. Und weil sie auch noch gerne Gäste begrüßt, öffnet sie Schaulustigen die Tür zu ihrem Atelier im Morsbacher Ort Rhein (Oberbergischer Kreis). Zwei Treppen geht es hinauf, unter dem Dach hat die Kunst ihren Raum. Ein langer Tisch, kaum freie Stellen. Darauf Hände, Füße, Köpfe. Christiane Vogel ist immer bei der Arbeit. „Meine erste Figur war ein Maler vor seiner Staffelei", erinnert sie sich an den Beginn um das Jahr 1996. „Von meinem Beruf her war ich es gewöhnt, alles selbst herzustellen." Kulissengleich sind oftmals die Stücke, die Christiane Vogel für die Schaufenster von Geschäften herstellt, um bei Kunden die Lust aufs Geldausgeben zu wecken. Zauberer, Drache, Wassermann und manches Fabelwesen mehr baumelt im Atelier an feinen Strippen. Der Spieler braucht beide Hände und etwas Geschick, um sie zum Leben zu erwecken. Einem Pastor mit Beffchen und Talar hat die Künstlerin ebenso Gestalt gegeben wie einem Lokführer. Gute zwei Wochen, so schätzt sie, dauert die Arbeit an einer Figur. Und eine solche Arbeit bringt manchmal gestandene Kerle zum Weinen, vor lauter Glück. So kullerten bei Frank I. (Uselli), Morsbachs Karnevalsprinzen 2014, prompt die Tränen, als er sich selbst ins fein modellierte Gesicht blickte: „Freunde von ihm hatten mir jede Menge Fotos geliehen, sie waren die Vorlage für diese Figur", schildert Christiane Vogel das Vorgehen. Schließlich wollten die Narren der Karnevalsgesellschaft Morsbach nicht, dass ihr Chef die tollen Tage jemals vergessen würde. „Alles war handgemacht, jedes noch so kleine Detail am Prinzenkostüm", betont die Marionettenbauerin, die auch in ihrer Kunst am liebsten dreidimensional arbeitet und unterschiedlichste Materialien zu Einheiten fügt. Auch das zeigt sie Besuchern der Gemeinde an der Wisser gern.

TIPP Erklimmen Sie den Morsbacher Aussichtsturm Hohe Hardt und genießen Sie die Aussicht.

● Marionettenatelier Christiane Vogel, 51597 Morsbach, Besuche nach Anmeldung unter Tel. (0 22 94) 60 47
● ÖPNV: Bus 340, Haltestelle Morsbach Wissener Straße

Harte Brocken

 30 *Die Dicken Steine in Nümbrecht*

Lara (10), Marleen (12), Marius (11) und Georg (9) jubeln – gefunden ist der Schatz des fiesen Räubers, das Gold entdeckt in einer schweren Kiste. Im dichten Forst unterhalb von Schloss Homburg in Nümbrecht (Oberbergischer Kreis) geht gerade ein echtes Abenteuer zu Ende. Eine Rallye der Biologischen Station und ein Quäntchen Glück haben die Kinder dorthin und an die Dicken Steine geführt. Wer das strahlend gelbe Schloss, das Wahrzeichen Oberbergs, einmal links liegen lässt und noch vor dem Kräutergarten am Roten Haus der Biologischen Station rechts in den Wald abbiegt, der gelangt auf einem schmalen Pfad ebenfalls an jenes Naturdenkmal. Die grauen Brocken aus Quarzit sind zwischen 360 und 420 Millionen Jahre alt und stammen damit aus dem geologischen Zeitalter des Devon, als das Bergische Land ein Ozean und das Klima ein tropisch-heißes war. Mit dem Zurückweichen des Wassers wurden diese harten Steine aus dem weicheren Meeresgestein herausgewaschen, sie widerstanden der Erosion. Ebenso überdauerten versteinerte Seelilien und Armkiemer, eine muschelähnliche Art, die Jahrtausende bis heute.

TIPP *Hören Sie genau hin auf dem 5,6 Kilometer langen „Naturerlebnis Klangpfad" rund um Schloss Homburg.*

Damit gelten die Dicken Steine – neben der Tropfsteinhöhle in der Nachbarstadt Wiehl – als geologische Attraktion im Homburger Ländchen. Wie imposant diese grauen Riesen sind, erkennt der Betrachter jedoch erst, wenn er dem gewundenen Weg hinab zur Talsohle folgt und damit den Fuß des Naturdenkmals erreicht. Dort unten hat die Biologische Station eine Bank und eine Informationstafel aufgestellt. Auf wenigen Seiten ist dort die gesamte Geschichte Europas nachzulesen. Und gelegentlich sind eben auch Schätze zu finden.

○ **Dicke Steine, Schloss Homburg, 51588 Nümbrecht**
www.nuembrecht.de
○ **ÖPNV: Bus 302 und 312, Haltestelle Schloss Homburg**

Bergisches fürs Glas

 31 *Die Erzquell-Brauerei in Wiehl*

Das Bergische braucht ein Bier. Dieser Meinung ist 2008 eine Handvoll Gastronomen, die ihren Gästen künftig etwas anderes einschenken wollen als das sonst in der Region stark präsente Kölsch. „Sofort war klar, das Bier musste ein dunkles sein", erinnert sich Jens Hofman, Diplom-Braumeister und Prokurist der Erzquell-Brauerei in Wiehl-Bielstein (Oberbergischer Kreis), und denkt an die Mälzereien, die es einst im Bergischen gab: „Die stellten meist dunkle Malze her." Doch nicht allein die Farbe galt es mit Bedacht zu wählen. Schließlich sei es ja der Geschmack, der Bierfreunde glücklich mache. „Wir greifen also auf ein Rezept aus dem Beginn des 19. Jahrhunderts zurück und benutzen zwei Malze: eines mit wenigen und eines mit den klassischen Bitterstoffen." Hinzu komme ein alter Aromahopfen. Und aus dem Zapfhahn fließt ein obergäriges, rötlich bernsteinfarbenes Bier, wie es bis etwa 1875 an den Tresen der Region zu trinken gewesen sei. Etwas rauchig, aber nicht beißend, ist sein Geschmack. Das Wasser übrigens sprudelt aus einer Quelle ganz in der Nähe des Brauereikomplexes in der Bielsteiner Ortsmitte.

 TIPP

Mögen Sie Theater? Blicken Sie in das Programm des 1720 errichteten Bielsteiner Burghauses.

Etwa 4000 von rund 100.000 Hektolitern, so schätzt Hofmann, macht das „Bergische Landbier" derzeit am gesamten Produktionsvolumen des im September 1900 gegründeten Familienunternehmens aus. „Der Bierliebhaber lässt sich heute lieber regionales Gebräu servieren als zum Beispiel eines der großen Fernsehbiere", erklärt der Experte. Das „Bergische Landbier" fließt so gut die Kehlen hinunter, dass es seit 2013 nicht mehr allein der Gastronomie vorbehalten ist, sondern auch in Lebensmittelmärkten der Region gekauft werden kann, nun auch als „Bergischer Radler" und „Bergischer Sportsfreund" (alkoholfrei). Die Erzquell-Brauerei lädt zu Führungen ein.

● Erzquell-Brauerei, Bielsteiner Straße 108, 51674 Wiehl
www.erzquell.de
● ÖPNV: Bus 302, Haltestelle Bielstein Bus-Bf.

Machtzentrale in sattem Gelb

 Der Cromford-Komplex in Ratingen

Das Farbenspiel am späten Nachmittag ist perfekt. Tintenblauer Himmel, sattes Heckengrün, dazwischen das strahlende Gelb der Fassade. In der Stadtmitte Ratingens steht das Herrenhaus Cromford und in seinem Rücken die Baumwollspinnerei. Diese gilt als eine der ältesten, heute noch erhaltenen Industrieanlagen in Deutschland. Heute ist sie, ebenso wie die Villa nebenan, ein Museum des Landschaftsverbands Rheinland. Gegründet wurde die Fabrik in den Jahren 1783/84 durch den Kaufmann Johann Gottfried Brügelmann (1750–1802) aus Elberfeld, der damit am Ufer des kleinen Angerflusses in Ratingen sein unternehmerisches Glück machte. Heute „arbeiten" dort originalgetreu nachgebaute Maschinen aus Holz nahezu geräuschlos und zeigen die Entstehung von Garnen aus Baumwolle, wie sie einst die erste mechanische Baumwollspinnerei außerhalb des Königreichs Englands herstellte. Bis in die 1980er-Jahre hinein wurde noch gesponnen und gewebt. Ihren Namen verdankt die Anlage in der Tat der mittelenglischen Stadt Cromford in der Grafschaft Derbyshire: Dort hatte Richard Arkwright im Jahr 1771 die erste Baum-

TIPP

Besuchen Sie auch das nahe gelegene Puppen- und Spielzeugmuseum im Ratinger Trinsenturm, Wehrgang 1.

wollfabrik der Welt aufgebaut, die mit Wasserkraft betrieben wurde. Ihre Konstruktionspläne gelangten – trotz Androhung der Todesstrafe – wohl durch Industriespionage in die Hände Brügelmanns.

Sein Reichtum und der seiner Nachfolger ist im spätbarocken Herrenhaus zu erleben, in dem etwa ein mächtiger Tresor auf fette Umsätze wartet. In 14 Räumen mit mehr als 320 Quadratmetern erzählen mehr als 250 Exponate der Dauerschau aus dem Leben der bedeutenden Fabrikantenfamilie in drei Generationen zwischen 1782 und 1846. Dort war die Schaltzentrale ihrer wirtschaftlichen Macht. Das Haus erinnert mit seiner Gestalt an ein Lustschloss, umgeben ist es von einem barocken Landschaftspark, dem Poensgenpark. Der damals noch sehr junge Gartenarchitekt Maximilian Friedrich Weyhe (1775–1846) war an seiner Planung um das Jahr 1790 beteiligt.

● Textilfabrik Cromford und Herrenhaus, Cromforder Allee 24, 40878 Ratingen, Tel. (0 22 34) 99 21-555, www.industriemuseum.lvr.de
● ÖPNV: Bus 773, Haltestelle Blauer See

Wo Herrscher zünftig feiern

 33 *Die Kaisergarde Barbarossa in Wiehl*

Ein kleines Messingschild an einer braunen Holztür kündigt an: „Ritter-saal". Und wer diese Tür öffnet, der steht prompt mittendrin – im Mittel-alter. Zwei lange Tischreihen, daran grobe Bänke, darauf Trinkhörner, schwere Kerzenhalter – das nächste Gelage kann also kommen. In einem abgetrennten Bereich steht der Thron: Da nimmt Kaiser Friedrich Bar-barossa (um 1122–1190) Platz, an seiner Seite Kaiserin Beatrix von Bur-gund (1140–1184). Der herrschaftliche Sitz ist aus dunklem Holz gezim-mert und ein Ebenbild des Throns von Karl dem Großen im Aachener Dom, auf dem am 9. März 1152 Friedrich I., genannt „Rotbart" (Barba-rossa), zum König gesalbt wurde. „Die Nachbildung ist originalgetreu und korrekt im Maßstab", betont Raimund Stühn. „Ich durfte in Aachen den Zollstock anlegen." Hier, in seinem Fachwerkhaus von 1684 am Rand des malerischen Wiehler Stadtteils Oberwiehl (Oberbergischer Kreis), haben sich Stühn und seine Mitstreiter einen Ort zum Glücklichsein ge-schaffen: 1997 gründeten sie die Kaisergarde Barbarossa, seit 2011 hat dieser Mittelalterverein seinen eigenen Rittersaal. Nach Anmeldung steht dieser auch Gästen offen.

TIPP Statten Sie auch dem Heimatmuseum Grüne Scheune in Wiehl-Drabenderhöhe einen Besuch ab.

Im richtigen Leben steuert Stühn einen Lastwagen, in jeder freien Minute aber streift er das Gewand des Kaisers Bar-barossa über. Im Oberbergischen ist übrigens auch der echte Kaiser kein Unbekannter: Ihm verdankt die heutige Gemeinde Reichshof ihren Namen, machte der Herrscher doch am 1. August 1167 den „Reichshof" Eckenhagen seinem Kanzler und engsten Vertrauten Rainald von Dassel (zwischen 1114 und 1120–1167) zum Geschenk. 25 Mitglieder zählt die Kaisergarde: Vom Minne-sänger über den Gaukler und den Kanzler bis hin zum Knappen kann die Gruppe mit allem aufwarten, was einst den Hofstaat ausmachte. Und wird eine Kaiserin gewünscht, legt Stühns Lebensgefährtin Doris Gude die rote Garderobe an.

○ Kaisergarde Barbarossa, Lindenstraße 13, 51674 Wiehl,
Anmeldung unter Tel. (01 71) 6 70 46 36, www.kaisergarde-barbarossa.de
○ ÖPNV: Bus 306 und 321, Haltestelle Oberwiehl, Büttinghauser Weg

Rutschen auf dem Müllbuckel

 34 *Der Freizeitpark :metabolon in Lindlar*

Wer :metabolon erklimmen will, muss zunächst 360 Stufen hinter sich lassen. Doch der Gipfel der früheren Mülldeponie an der Leppe im Lindlarer Ort Remshagen (Oberbergischer Kreis) ist noch lange nicht erreicht: Steil, aber stufenlos führt in den „Gärten der Technik" das letzte Stück auf die Höhe von 350 Metern. Das (ober-)bergische Panorama ist dort ebenso atemberaubend wie der mühevolle, glückverheißende Aufstieg. Hinunter geht es aber schneller: Eine 110 Meter lange Edelstahlrutsche mit zwei Bahnen bringt kleine und große Besucher ein gutes Stück bergab. Sie gilt als die längste Doppelrutsche ihrer Art bundesweit. Rutschen darf, wer mindestens acht Jahre alt ist. Für kleine Gäste gibt es eine neue, gewundene und deutlich kürzere Rutsche (freigegeben ab drei Jahren).

2011 wurden :metabolon und die „Gärten der Technik" eröffnet. Das Gelände ist heute ebenso Spaßpark mit Segway-Bahn, Cross-Golf-Anlage, 3,5 Kilometer langer Mountainbike-Strecke und Bike-Parcours mit Pumptrack wie ein Hort modernen Wissens. Am Fuß des Deponiekegels

TIPP

Brechen Sie unbedingt auf zu Schloss Gimborn in Marienheide.

in der Mitte des 45 Hektar großen Geländes klären die Macher im Bergischen Energiekompetenzzentrum auf, dass Abfall längst eine kostbare Ware geworden und ein Gut ist, dessen Wert mit dem Wegwerfen erst beginnt. So ist der Name :metabolon von Metabolismus (= Stoffwechsel) abgeleitet. Zudem führt eine 350 Quadratmeter große Ausstellung mit Exponaten von 30 Fachfirmen zum Beispiel den zeitgemäßen Hausbau und die energetische Sanierung von Altbauten vor, Beratungstermine können vereinbart werden. Der Klimaschutz ist ein weiteres großes Thema. Ebenfalls vertreten ist die Stiftung „Haus der kleinen Forscher" mit Angeboten für Kinder. Und in einem Bistro können sich Besucher von allen Strapazen erholen.

● :metabolon, Am Berkebach 1, 51789 Lindlar (Navigationsgerät: Remshagener Straße), Tel. (08 00) 8 05 80 50, Eintritt frei, www.metabolon.de

Von Geisterhand gespielt

 Das Bergische Drehorgelmuseum in Marienheide

In einer kleinen, heute entwidmeten Kirche von 1953 in der Marienheider Ortschaft Kempershöhe (Oberbergischer Kreis) hat Dr. Ullrich Wimmer seine Schätze ausgebreitet. Er zählt sie nicht, zu viele sind es. Seit Jahrzehnten schon schlägt des Sammlers Herz für Musikautomaten, Musikuhren, Walzen- und Plattenspieldosen und Drehorgeln. Diesen Dingen gewidmet ist das Bergische Drehorgelmuseum, hinzu kommen künstliche Vögel und Puppenspiele, die, scheinbar von Geisterhand geführt, zum Leben erwachen. Darunter ist etwa ein Ballett von 1890: In der Schweiz standen solche Automaten einst an Bahnhöfen und verkürzten den Reisenden die Wartezeit. Der Konstrukteur Auguste Lassueur verdiente damit bis 1938 sein Geld, er besaß in Sainte-Croix eine Manufaktur für solche Automaten.

Ein selbstspielendes Klavier indes hat 1971 in Bonn bei Ullrich Wimmer die große Leidenschaft entfacht: „Ich wollte eine Frau beeindrucken, war aber ein zu schlechter Musiker", begründet er die Anschaffung jener Maschine von 1914. Sie spielt Robert Schumanns „Fröhlicher Landmann" und Ernst Tochs Stück „Der Jongleur", das 1926 nur für einen Automaten geschrieben wurde. „Was für ein Glück – von jetzt auf gleich war ich ein begnadeter Pianist", frohlockt Wimmer. Heute kämen wegen der Automaten Liebhaber aus aller Welt zu ihm, berichtet Wimmer, ein früherer Hochschullehrer. Seine Schmuckstücke, zumeist aus dem 18. und 19. Jahrhundert, sind in Schuss, ihr Besitzer kann sie jederzeit zum Klingen bringen. Er füttert sie mit Papierstreifen, Lochkarten oder Schellackplatten. Und besonders stolz ist Ullrich Wimmer auf eine Spieluhr von 1848: Sie stammt aus dem Schwarzwald, ihre geschnitzten Figuren karikieren den satten und saufenden Adel, „damals ein revolutionäres Thema". Mit Bänkelsang und Küchenliedern aus vier Jahrzehnten unterhält der Sammler seine Besucher überdies. Und er erwartet, dass jeder einstimmt.

TIPP Tauchen Sie im Bauernhofmuseum Haus Dahl, Marienheide-Dahl, in die Vergangenheit ein.

🔴 **Bergisches Drehorgelmuseum, Kapellenweg 2–4, 51709 Marienheide,**
Anmeldung unter Tel. (01 76) 43 03 80 47 oder (01 76) 43 04 84 81
www.leierkastenheiterkeit.com
🔴 **ÖPNV: Bus 399, Haltestelle Marienheide, Gogarten Kempershöhe**

Ein Flecken voll Geschichte

 36 *Das Abtskücher Ensemble in Heiligenhaus*

Fünf Sehenswürdigkeiten auf einem wunderbaren Flecken Erde, dazwischen kurze Wege und Geschichte reichlich. Von der Abtsküche spricht der Volksmund wohl seit der Zeit zwischen dem 15. und 16. Jahrhundert, als das Schloss Hetterscheidt – so heißt heute auch der zugehörige Stadtteil im Osten von Heiligenhaus (Kreis Mettmann) – noch eine eigene Haushaltung hatte und eine Rentmeisterei betrieb. Von der Festung erhalten sind nur noch der sechseckige, 15 Meter hohe Wachturm aus Bruchstein und Stücke einer starken Mauer, die das Grundstück wohl seit dem frühen 17. Jahrhundert umgibt. Wann die frühere Burg überhaupt errichtet wurde, lässt sich nicht mehr klären. Der Turm ist eine jener Sehenswürdigkeiten, daneben steht der Abtskücher Hof von 1744, der heute zu Kaffee und Kuchen einlädt. Gegenüber, auf der anderen Seite einer schmalen Straße, liegt der Abtskücher Stauweiher, und dieser Trias gegenüber, getrennt durch die breite Abtskücher Straße, stehen wiederum die Alte Schule, die heute das Heimatmuseum beherbergt, und die Pilgerkapelle Sankt Jakobus.

TIPP *Bestellen Sie im Hofcafé Abtsküche einen Obstkuchen mit Früchten aus der Nachbarschaft.*

Rund 70.000 Kubikmeter Wasser fasst der Abtskücher Stauteich, der in den Jahren von 1932 bis 1934 angelegt wurde. Er lässt sich komplett umrunden – Jogger schnaufen vorbei, Enten schnattern, Motorboote surren – nicht die ganz großen, sondern jene kleinen, die auf Funkwellen gehorchen und ferngesteuert durch die Wogen pflügen.

Die Geschichte der Sankt-Jakobus-Kapelle beginnt 1791 indes anders als die der meisten Gotteshäuser: Zunächst war das Gebäude ein Klassenzimmer, in dem aber auch ein Altar stand. Die Alte Schule, 1783 erbaut, bietet heute einem Museum Platz, das alle Geschichten des historischen Ensembles erzählt. Zu den Exponaten im 2002 deutlich erweiterten Haus gehören zudem eine Sattler- und Schreinerwerkstatt. Und junge Paare starten dort ins Eheglück.

⊙ **Abtsküche, Museum: Heimatkundliche Sammlung des Geschichtsvereins Heiligenhaus,**
Abtskücher Straße 137, 42579 Heiligenhaus, Tel. (0 20 56) 6 86 87
www.geschichtsverein-heiligenhaus.de
⊙ **ÖPNV: Bus 770, Haltestelle Abtskücher Straße**

Spazieren gehen mit Vieh

 37 *Sissy-Kuhkuscheln in Waldbröl*

Das Gras auf der anderen Seite ist immer irgendwie grüner, saftiger, leckerer. Lotta ignoriert jegliches lenkende Ziehen am Zügel, zielsicher steuert sie die Böschungen an. Und frisst. „So eigensinnig ist sie sonst nie", entschuldigt sich Uwe Eschmann für Lottas Sturheit. Das anderthalb Jahre alte Braunvieh habe eben seinen eigenen Kopf. Wer aber schon immer mal eine Kuh in den Arm nehmen wollte, der kann das bei Uwe und Melanie Eschmann-Rosenthal: Seit 2011 bietet das Ehepaar auf seinem Hof in der Waldbröler Ortschaft Neuenhähnen (Oberbergischer Kreis) Kuhkuscheln an. „Sissy-Kuhkuscheln" heißt das dann: Der Name erinnert an ein Kälbchen, das ohne Schwanz und mit vielen Krankheiten geboren wurde. Bis zu seinem Tod wurde es von Familie Eschmann gepflegt und oft gekuschelt. So wie alle derzeit 18 Kühe eigentlich längst im Kuhhimmel sein sollten, etwa die hornlose Hera, die auf einer kahlen Weide fast verhungert wäre, oder Amy, die ein Knickhorn hat und zum Schlachter sollte.

„Einen Gnadenhof zu gründen, das war zu schwierig", blickt Melanie Eschmann-Rosenthal zurück. Weil Kühe jedoch sehr sanfte Wesen seien, die vor allem bei Städtern Glücksgefühle hervorriefen und eine beruhigende Wirkung auf gestresste Menschen entfalteten, hätten sie und ihr Mann das Kuhkuscheln und das Kuhtrekking erfunden, Kinder dürfen zudem auf Kühen reiten. „Und das alles kommt richtig gut an", betont Melanie Eschmann-Rosenthal. Der Abbau von Ängsten, der Genuss der Neuenhähner Natur und überhaupt die Ruhe, das seien weitere Effekte. Übrigens: Ehemann Uwe, selbst ausgerechnet Metzger von Beruf, schwingt schon lange nicht mehr das Schlachterbeil. In Zukunft will das Paar auch zum Erhalt alter Rassen beitragen und vom Aussterben bedrohte Arten nachzüchten, Braunvieh wie Lotta zum Beispiel oder Pinzgauer Rinder: Da soll Prinz Poldi, derzeit noch ein ungestümes Kälbchen, für Nachwuchs sorgen.

TIPP Kaufen Sie ein im Hofladen von Haus Segenborn in Pulvermühle, einer Unterkunft für obdachlose Menschen.

● Sissy-Kuhkuscheln, Neuenhähnen 6, 51545 Waldbröl, Tel. (01 57) 86 91 78 09
www.sissykuhkuscheln.de
● ÖPNV: Bus 530, Haltestelle Niedergeilenkausen Abzweig

Römische Relikte

 38 *Das Haus Bürgel in der Urdenbacher Kämpe*

Hochwasser sind die Menschen am Rhein gewohnt. Verheerender als 1374 aber kann eine solche Naturgewalt kaum wüten: Der Fluss tritt nicht nur über seine Ufer, er bahnt sich auch einen neuen Weg. Um gute 800 Meter korrigiert der Rhein damals seinen Lauf, aus dem linken Ufer wird das rechte. Heute bedeutet das Unglück von einst großes Glück: Entstanden ist die Urdenbacher Kämpe, eine 316 Hektar große Auenlandschaft. Das Grünland in Baumberg, gelegen am Rand der Stadt Monheim am Rhein (Kreis Mettmann), steht unter Naturschutz. Saftige Weiden und üppige Streuobstwiesen säumen die Wege. Seltene Vogelarten wie der Pirol, der Schwarzmilan, der Eisvogel und auch der Wachtelkönig haben dort ihre Heimat. Und jüngst wurde der Urdenbacher Altrhein auf einer Strecke von mehr als zwei Kilometern renaturiert. Seen und Sumpfgebiete sowie einer der letzten Hartholzauenwälder der Region versprechen „wunderbare Au(g)enblicke", wie die Biologische Station der Stadt Düsseldorf und des Kreises Mettmann wirbt.

Diese hat ihren Platz auf dem Gelände von Haus Bürgel. Die Festungsanlage fußt auf den Resten eines römischen Kastells, die auch heute noch gut erkennbar sind. 64 mal 64 Meter groß war die Anlage, die ein quadratischer Wehrturm aus dem 13. Jahrhundert überragt. Steht das schwere Eisentor am Gelände offen, dürfen Besucher eintreten. Denn Haus Bürgel ist bewohnt. Zudem beherbergt es eine Pferdezucht und im Turm ein Museum mit Exponaten aus der Römerzeit. Neu sind ein Backofen nach römischem Vorbild und der Nachbau einer Getreidemühle. Und der historische Nutzgarten mit See eignet sich hervorragend für eine Rast im Grünen. Kaum zu glauben, dass dieser herrliche Ort einmal einem Golfplatz weichen sollte. 1989 ist Haus Bürgel in den Besitz der NRW-Stiftung übergegangen und steht seither unter dem Schutz eines Bau- und Bodendenkmals. Eine rührige Interessengemeinschaft betreut das Museum, das immer wieder neue Funde bereichern.

TIPP Flanieren Sie über die schmucke Rheinpromenade Monheims und fahren Sie mit dem Piwipper Böötchen.

Haus Bürgel, Urdenbacher Weg, 40789 Monheim am Rhein
www.hausbuergel.de
ÖPNV: Bus 788, Haltestelle Haus Bürgel

Epochale Geschichte(n)

 39 *Das Museumsdorf Altwindeck*

Unterhalb der Ruine von Burg Windeck in der Gemeinde Windeck (Rhein-Sieg-Kreis) droht einem Kleinod großes Unglück: „Wir wissen nicht, wie lange wir noch durchhalten", klagt Jens Klein, Geschäftsführer jenes Fördervereins, der seit 1987 das malerische Museumsdorf Altwindeck hegt und pflegt. „Uns fehlt die Kraft", sagt Klein und denkt dabei sowohl an das hohe Alter seiner Vereinskameraden als auch an die öffentlichen Fördermittel, die immer schmaler geworden seien. Die Geschichte des Museumsdorfs beginnt im Mai 1964 in einem Kuhstall: Darin trägt der Heimatkundler Emil Hundhausen (1915–2004) alles zusammen, was er aus vergangenen Jahrzehnten in seinem Heimatort finden kann. Denn er möchte den Alltag in allen Epochen darstellen. Schnell wird der Stall zu klein, die ständig wachsende Sammlung zieht mehrfach um und findet 1974 in der Dorfschule ihren Platz.

Danach, vor allem in den 1980er-Jahren, wächst das Museumsdorf: Die Fachwerkhäuser aus Gerressen (um 1600) und Merten an der Sieg (um 1720) kommen hinzu, die Göpelmühle wird eingeweiht, der Bauerngarten angelegt, die Röcklinger Scheune, der Backes, die Schreinerei und die Schmiede werden gebaut. Behutsam tragen die Vereinsmitglieder solche Bauten an ihren alten Standorten ab, sanieren und errichten sie im Museumsdorf. Einen Tante-Emma-Laden gibt es ebenso wie ein Bahnstellwerk und ein Schulzimmer. In den Räumen der Häuser blicken Schaulustige etwa in ein Wohnzimmer und eine Küche aus den 1950er-Jahren. Spielzeug ist reichlich zu sehen, Handwerkszeug und Arbeitsgeräte ohnehin. Ungezählt sind die liebevoll arrangierten Originalexponate, zu denen zum Beispiel ein Laib Brot von 1913 gehört. Und an einem Glockenstuhl dürfen sich Besucher im Beiern versuchen.

Obwohl der Trägerverein ungewissen Zeiten entgegenblickt, schmieden die Mitglieder Pläne: Als Nächstes sollen dort eine Schnapsbrennerei und ein Hühnerstall wiederaufgebaut werden. Höhepunkt im Veranstaltungskalender ist der Burg- und Handwerkermarkt am 3. Oktober.

TIPP Folgen Sie der Straße und erkunden Sie die Ruine der Burg Windeck oberhalb des Museumsdorfs.

◉ **Museumsdorf Altwindeck, Im Thal Windeck, 51570 Windeck, Tel. (0 22 92) 38 88**
www.heimatmuseum-windeck.de
◉ **ÖPNV: Bus 579, Haltestelle Altwindeck**

Historie im Rechteck

 40 *Das Ansichtskartenmuseum in Haan*

Briefmarken waren dem Schuljungen irgendwann einfach zu klein. Und als Bernd Wodrich (heute 73) irgendwann eine Postkarte mit einem Gemälde in den Händen hielt, da wusste er: „Ansichtskarten sind meine Leidenschaft." Marie Antoinette, die Mona Lisa oder auch das Schokoladenmädchen sind solche Motive, die von der Dresdner Druckerei Stengel um das Jahr 1910 in großen Stückzahlen auf den Markt gebracht wurden und die Sammler Wodrich in der „Gemälde-Galerie des kleinen Mannes" in seinem eigenen Ansichtskartenmuseum zur Schau stellt – neben den vielen Hunderten von Grußkarten mit Foto- und Bildmotiven.

Das Museum befindet sich in der Gartenstadt Haan (Kreis Mettmann). Im Untergeschoss des eigenen Hauses hat der frühere Angestellte seine Schätze ausgebreitet. Und auch das eigene Heim ist dort auf einer der Karten zu sehen. Mit mehr als 1000 Motiven dokumentiert Wodrich seit April 2006 allein die Geschichte seines Wohnortes, der Umgebung und auch des Bergischen Landes. „Mich interessiert einfach, wie die Region früher war, wie sie sich verändert", erklärt Wodrich und nennt zum Beispiel die prächtigen Villen der Großbürger und Fabrikanten Haans, die neuen Gebäuden Platz machen mussten, oder den 1885 eröffneten Bahnhof, der sich im Laufe der Jahrzehnte deutlich wandelte.

TIPP *Erleben Sie ein Motiv, das 1907 erbaute Wasserkarussell, im Historischen Spiel- und Freizeitpark Ittertal.*

Seine Exponate findet Bernd Wodrich auf Trödelmärkten und bei Börsen für Ansichtskarten, „aber die Suche wird immer schwieriger". Zum Glück stecken ihm ältere Haaner immer wieder historische Karten als Geschenk in den Briefkasten. Zudem richtet er Wechselausstellungen in seinem Museum ein, das stets nach Anmeldung und einer Terminabsprache zu besichtigen ist.

● Ansichtskartenmuseum, Bernd Wodrich, Wilhelmstraße 6, 427681 Haan, Tel. (0 21 29) 61 08
● ÖPNV: RB 48, Haltestelle Bahnhof Haan

Aus Dank erbaut

 Die Kapelle in Morsbach-Kömpel

Auch heute noch sind die Menschen im Bergischen Land sehr gläubig. Nicht nur in früheren Zeiten war es dort durchaus üblich, einem Heiligen oder der Muttergottes eine Kapelle zu widmen. Dieser Brauch ist nicht vergessen, wie ein Blick in den winzigen Ort Kömpel in der Gemeinde Morsbach (Oberbergischer Kreis) beweist. Im Jahr 2014 wurde dort, rund 500 Meter unterhalb des Dorfs, die Kapelle Mutter Gottes der immerwährenden Hilfe errichtet, ein ovaler Bau mit einer Fassade aus bergischer Grauwacke. Genannt werden möchte der Stifter nicht, aber es heißt, er sei ein Geschäftsmann, der sich trotz schwerer Erkrankung an unternehmerischem Glück und großem wirtschaftlichem Erfolg erfreue. Das kleine Gotteshaus ist das achte in einer Reihe von Kapellen, die sich wie ein Kranz durch das Gebiet der Wissergemeinde zieht. Und sechs davon sind private Stiftungen. Die Geschichte dieser Kapellen hat der Heimatforscher Christoph Buchen aufgearbeitet, sie kann von den Internetseiten der Gemeinde Morsbach heruntergeladen werden. Auch eine Wanderung zu allen Kapellen hat er ausgearbeitet.

TIPP Besuchen Sie auch die Rita-Kapelle von 2016 im nahen Friesenhagen-Bettorf, Führungen: Tel. (0 22 94) 227.

Die Kapelle von Kömpel ist ein architektonisches Schmuckstück: Rechte Winkel fehlen, auch der Altar in dem 7,50 Meter hohen Gebäude ist rund. Er ist ebenfalls aus Grauwacke gebaut. Eine Besonderheit ist die außen angebrachte Glocke, die in Maria Laach (Eifel) gegossen wurde. Über dem Altar hängt ein schlichtes Kreuz mit einer Christusfigur, die aus der Werkstatt des Künstlers Albin Mussner in Sankt Ulrich, Südtirol, stammt. Ebenfalls dort beheimatet ist der Künstler Ivo Piazza, in dessen Atelier weitere sakrale Figuren für Kömpel entstanden sind. Das Gebäude an sich, so heißt es, soll an ein schützendes Schneckenhaus erinnern.

▶ **Kapelle in Kömpel, gelegen am Ende der Straße Kömpel, 51597 Morsbach,** Tel. (0 22 94) 90 00 26, www.morsbach.de

Für Auge, Herz und Gaumen

 Das Nostalgie-Café Bergischer Hof in Velbert

Niemals sieht es gleich aus, das Nostalgie-Café „Bergischer Hof" in Neviges verändert sich Tag für Tag, Woche für Woche. „Die Sammler kommen einmal im Monat, um nach Neuem zu stöbern", verrät Lars Jesert, der sich mit dem Nostalgie-Café in jenem Stadtteil Velberts (Kreis Mettmann) 2009 einen Traum erfüllt hat und seither Antiquitäten anhäuft. Sein Nostalgie-Café liegt im Schatten des Mariendoms, jenem Betonmonument, das der Kölner Architekt Professor Gottfried Böhm 1968 in die Altstadt gestellt hat.

Kein Winkel in den Räumen mit insgesamt mehr als 200 Plätzen ist leer, in jeder Ecke Kitsch, Kunst oder Kurioses: Telefone ohne Anschluss fristen stumm ihr Dasein, Uhren jeglicher Art künden von ihrer letzten Stunde und eckige Kaffeemühlen vom letzten Mahlgang, Trockenhauben hoffen auf Kundschaft. Vieles ist käuflich. Stammgäste bringen Jesert manchen Dachbodenschatz. Vor allem Bücher und Schallplatten türmen sich im skurrilen Restaurant. Besonders die 1950er- und 1960er-Jahre haben es dem Inhaber angetan, mit wenigen Stühlen und Schränken hat er mal begonnen. „Und in diese Zeit möchte ich meine

TIPP Besuchen Sie das nahe gelegene Schloss Hardenberg und den Park.

Gäste versetzen", sagt Jesert, der im Bergischen aufgewachsen ist, selbst am Herd steht und Raritäten heute auch serviert. Ein Glücklichmacher auf der Speisekarte sei der Bergische Pillekuchen: Zu einem Pfannkuchenteig fügt der Koch rohe Kartoffelstreifen, Eier und Speck. „Modernes gibt es doch überall", findet Lars Jesert und erklärt, weshalb er seine Leidenschaft für vergangene Jahrzehnte zum Beruf gemacht hat. In den schweren Kristallkaraffen auf den Tischen im Nostalgie-Café schwappen Cognac und Kirschwasser – und stehen Gläser daneben, darf der Gast einschenken und auf Vergangenes anstoßen, und das sogar kostenlos.

● Nostalgie-Café Bergischer Hof, Elberfelder Straße 9, 42553 Velbert-Neviges,
Tel. (0 20 53) 8 49 95 74
● ÖPNV: S-Bahn 9, Haltestelle Velbert-Neviges

Immer unter Dampf

 43 *Das Eisenbahnmuseum in Gummersbach*

Auf dem Bahnbetriebswerk in Dieringhausen, einem Stadtteil der Kreis-stadt Gummersbach (Oberbergischer Kreis), ruht die Arbeit selten. Dabei wurde die rund 11.000 Quadratmeter große und in den Jahren von 1890 bis 1905 errichtete Anlage mit Drehscheibe und Lokschuppen im April 1982 eigentlich stillgelegt. Eingezogen aber ist die Interessengemeinschaft Bahnwerk Dieringhausen, die dort nicht nur den 1905 errichteten Lok-schuppen mit seinen elf Ständen und Einrichtungen wie den Turm für die Sturzbekohlung, den Kohlenbunker, die Wasserkräne und natürlich die Werkstätten in Schuss hält. Denn alles ist erhalten und funktions-tüchtig. „Wir wollen hier ein lebendiges Museum schaffen", erklärt Niels Neubauer, Vorsitzender des Betreibervereins, und betont, dass sich die Eisenbahnenthusiasten bei ihrer Arbeit immer gern über die Schulter schauen lassen. So parken auch andere Vereine, Stiftungen und Privat-leute ihre historischen Fahrzeuge im Lokschuppen oder auf den Gleisen vor dessen Toren, darunter seltene Schienenbusse. Diese wurden 1956 erstmals im Oberbergischen auf das Gleis gesetzt. „Der Bulle", die preu-

TIPP *Lösen Sie ein Ticket für den Dampfzug „Bergischer Löwe", www.loewendampf.de.* ßische Dampflok „T14" von 1917, die „Ochsenlok" des Lokomotivenbauers Henschel von 1939 und die kleine „Theo 4" von 1949, einst die erste vereinseigene Lok, sind weitere Fahrzeuge dort, die Liebhaberherzen vor Glück höher schlagen lassen.

Die Interessengemeinschaft organisiert zudem Dampffahrten mit der Lokomotive „Waldbröl", Baujahr 1914, und dem Zug „Bergischer Löwe" auf der Strecke der Wiehltalbahn. Jährlich klettern nach Vereinsangaben rund 6000 Eisenbahnenthusiasten in die Wagen. Und für Liebhaber ganz kleiner Formate gibt es auf dem Bahnwerksgelände überdies den Aus-stellungswagen des „Spur-Z-Stammtischs" aus Overath-Untereschbach.

▶ **Eisenbahnmuseum Dieringhausen, Hohler Straße 2, 51645 Gummersbach, Tel. (0 22 61) 7 75 97**
www.eisenbahnmuseum-dieringhausen.de
▶ **ÖPNV: RB 25, Haltestelle Dieringhausen**

Bizarres Menschenwerk

 Die Grube Castor in Engelskirchen

Es ist eine bizarre Landschaft in Grau und Grün, die sich da am Ufer der Agger erstreckt: Wie eine Mondlandschaft wirkt das schroffe Gelände am Rand des kleinen Orts Kastor in der Gemeinde Engelskirchen (Oberbergischer Kreis) – von Menschenhand geschaffen, von der Natur zurückerobert. Schon im Mittelalter wurde dort Erz abgebaut. 1852 wurde dann die Grube Castor errichtet, die bis 1906 Erze für Buntmetalle lieferte. An die Stollen, die Halden und die Abfuhrtunnel erinnern heute nur noch wenige Spuren, etwa im Wald oberhalb der früheren Grube, deren Ausmaße Hermann Kliem, Vorsitzender des Bürger- und Verschönerungsvereins Loope, auf 300 mal 300 Meter schätzt. Heute gedeiht dort ein Naturschutzgebiet mit feuchten Biotopen. Und Schilder warnen vor der Belastung des Bodens durch Schwermetall. Ob diese immer noch gefährlich ist, daran bestehen im Engelskirchener Rathaus längst etliche Zweifel, jedoch rät man davon ab, Salat zu pflanzen. Ansonsten könne man sich dort getrost aufhalten, heißt es auf Nachfrage. Etwas schaurig bleibt der Ort trotzdem. „Urtümlich" nennt es Kliem.

TIPP

Besuchen Sie auch Schloss Ehreshoven, den früheren Drehort der Fernsehserie „Verbotene Liebe".

Zwischen den Häusern 21 und 23 an der schmalen Straße, die ebenfalls „Kastor" heißt, führt ein schnurgerader Weg über das Gelände und über die Agger. Seit 1869 verbindet eine Schwungbrücke beide Ufer und damit die Orte Kastor und Ehreshoven, damals – man möchte es kaum glauben – rumpelten Loren über das nicht starre Bauwerk. Heute wechseln Wanderer, Spaziergänger, Fahrradfahrer von einer Seite auf die andere. 2014 ließ der Bürger- und Verschönerungsverein Loope die heutige Brücke aufwendig sanieren, ihre Vorgängerbauwerke waren aus Sicherheitsgründen immer wieder gesperrt worden. Aber nicht nur die Schwungbrücke ist einen Ausflug wert: Wer die Augen offen hält, entdeckt mit etwas Glück seltene Eidechsenarten, auch wachsen auf der Grube Castor Pflanzen, die an anderen Orten eingehen würden.

Grube Castor, 51766 Engelskirchen
www.bvv-loope.de
ÖPNV: Bus 310, Haltestelle Ehreshoven

Nase „to go"

45 Der Pappnasen-Spender in Monheim

Aus Pappe ist sie schon lange nicht mehr, geblieben aber ist der Name: Pappnase bleibt eben Pappnase, auch wenn der Narr heute Gummi auf dem Nasenrücken trägt. Und im Rheinland geht's nun mal nicht ohne, erst recht nicht in der fünften Jahreszeit. Damit in Monheim am Rhein (Kreis Mettmann) niemand unbenast herumlaufen muss, haben Prinz Bernd II. und seine Prinzessin Silke aus den Reihen der Schwalbenjecke, „Monnemer" Regentenpaar der Session 2015/2016, einen Pappnasen-Spender aufgestellt. Für 50 Cent gibt es im Karnevalskabinett an der Turmstraße die Minimalverkleidung aus dem Automaten, das ist praktisch. Im Januar 2016 wurde das kleine Museum für Freunde der tollen Tage eingeweiht, zu finden ist es neben dem „Spielmann". Das wiederum ist eine der ältesten Monheimer Altstadtkneipen, heute beherbergt sie indes unter dem Klettblatt (Shamrock) einen Irish Pub.

Und, apropos Bier, da ist Monheim ein echter Glücksfall für Freunde des Hopfensaftes: Die Stadt der „Helau"-Rufer liegt nämlich auf der Grenze. Hüben Altbier, drüben Kölsch. Also gibt es an Monheimer Tresen eigentlich immer beides. Manchmal fließt das Gebräu sogar aus einem Brunnen: Wenige Meter vom Karnevalskabinett entfernt und im Rücken des 26 Meter hohen Schelmenturms – am sogenannten Doll Eck, an dem die Alte Schulstraße auf die Krummstraße trifft – steht der Bibi-Brunnen, an den in der Karnevalszeit ein Zapfhahn geschraubt wird. „Bibi" ist übrigens eine Melone, ein Stapel dieses Männerhuts bildet die gut 1,60 Meter hohe Brunnensäule. 1992 hat sich die Monheimer Mundartcombo „Panik-Orchester" damit ein Denkmal gesetzt, deren Hymne „Scheißegal" spielt das benachbarte Glockenspiel täglich um 11, 13, 15, 17, 18 und 19 Uhr. Und wenn in der Stadt mal Weinfest ist, dann spendet der Bibi-Brunnen ebenso einen guten Roten. Auch der färbt, das weiß man, Nasen manchmal pappnasenrot.

TIPP Streifen Sie durch die Altstadt mit ihren vielen Gaststätten. Und buchen Sie am besten ein Hotelzimmer.

Monheim am Rhein, www.monheim.de
ÖPNV: Bus 233, Haltestelle Monheim Bus-Bf.

Wo die Funken fliegen

 46 *Die Schmiede in der Feste Neustadt*

Nebenan im Backes duftet es herrlich nach frisch gebackenem Brot, hier aber riecht es streng und nach harter Arbeit. Thomas Sauer hat die Lederkluft angelegt, in der Esse lodert das Feuer. Gut gelaunt geht Sauer an die Arbeit. Er und seine Mitstreiter haben zu Beginn des Jahres 2016 die alte, zuvor meist verwaiste Schmiede am Heimatmuseum Feste Neustadt in der Altstadt von Bergneustadt (Oberbergischer Kreis) zu neuem Leben erweckt, nachdem sie erst mal gründlich aufgeräumt hatten. Wurde dort früher allein am Internationalen Museumstag geschuftet und dafür ein Leihschmied angeheuert, so schwingt die Gruppe um Thomas Sauer dort oft den Hammer und schlägt glühenden Stahl bei einer Temperatur von 850 Grad Celsius in Form. 200 bis 300 Jahre alt sind die Werkzeuge, mit denen die Männer arbeiten.

„Die Schmiede wurde zu selten genutzt", sagt Museumsleiter Walter Jordan und ist recht glücklich über den neuen Lärm im Nachbarhaus. Hobbyschmied Sauer, der einst bei einem Schmiedelehrgang Feuer gefangen hat für das alte Handwerk, warnt Besucher mit klaren Worten:

TIPP *Spüren Sie in der malerischen Altstadt Geschichte und besuchen Sie auch die Alte Druckwerkstatt.*

„Alles, was auf dem Boden liegt, bleibt auch liegen." Die Schmiedegruppe schuftet aber nicht nur zur Unterhaltung der Besucher, die Männer führen kleine Aufträge aus, zum Beispiel für das Heimatmuseum oder für Nachbarn in der schmucken Altstadt, die etwas Geschmiedetes für den Garten suchen. Wie alt die Museumsschmiede im Fachwerkhaus ist, das weiß niemand. „Hier wurden zwei Werkstätten aus Bergneustadt zusammengebracht", berichtet Museumsleiter Jordan. Und wenn in der Schmiede nicht gearbeitet wird, feuert die Backgruppe vielleicht den Backes an. Ein Besuch des Heimatmuseums lohnt sich ohnehin immer.

▶ **Heimatmuseum Feste Neustadt, Wallstraße 1, 51702 Bergneustadt, Tel. (0 22 61) 4 31 84**
www.heimatverein-bergneustadt.de
▶ **ÖPNV: Bus 301, Haltestelle Graf-Eberhard-Platz/Zentrum**

Rüssel hoch

 47 *Das Elefantenhaus im Wuppertaler Zoo*

„Rangoo", das ist Indisch und heißt „Rüssel hoch". Kaum hat Gustav Röckener dieses Wort gerufen, hebt Elefantendame Sabie prompt mit Stolz den grauen Ausleger. Denn nicht Bulle Tusker ist der Chef im Elefantenhaus des Grünen Zoos in Wuppertal. Röckener ist es. Und ruft er das englische Wort „Trunk", senkt sich des Elefanten Rüssel wieder. Acht afrikanische Dickhäuter hat der bergische Tierpark, zur Fütterungszeit tummeln sie sich im 1995 errichteten Gebäude, in dem Gustav Röckener seine Berufung gefunden hat: Denn immer wieder rennen auch Jungtiere über die Anlage. Im März 2016 zur Welt gekommen ist dort Tuffy. „Das ist der Traum eines jeden Pflegers: einen Elefanten aufwachsen zu sehen", schwärmt Röckener und erzählt von der aufregenden Nacht der Geburt, als er und etliche Kollegen auf den Besucherbänken im Dickhäuterhaus mehr wachten als schliefen, während sie Stunde um Stunde auf das Babyglück warteten. Das Jungtier ist putzmunter, sehr neugierig, aber auch gelehrig. Bei der Geburt wog Tuffy 170 Kilogramm, eine Tonne Futter verputzt die ganze Herde am Tag.

TIPP *In nächster Nähe steht das schmucke Stadion des traditionsreichen Wuppertaler SV – wie wär's mit Fußball?*

380 Arten leben auf rund 24 Hektar im Grünen Zoo, fast 4000 Tiere sind es – darunter überaus seltene Arten wie Schneeleoparden, Milu-Hirsche aus dem Himalaja, Okapis und auch Pudus, die kleinste Hirschrasse der Welt. Diese Wildtiere sind kaum größer als junge Ziegen. 1881 wurde der Zoo eröffnet, bis zum Jahr 2020 soll er sein Aussehen deutlich verändern und neue, großzügige Freiflächen erhalten. Bereits 2008 erneuert worden ist die Landschaft der Königs- und Eselspinguine, auf der es nicht nur schneit: Zoobesucher tauchen ein in die Unterwasserwelt und laufen durch einen 15 Meter langen Glastunnel – „unter Wasser fliegen", heißt es dann, wenn sich die Frackträger oft synchron ins Wasser stürzen und ihre Bahnen ziehen.

Apropos Wasser: Dass Elefanten ebenfalls gerne baden, freut freilich auch die Besucher. Ein Spektakel!

○ Grüner Zoo, Hubertusallee 30, 42117 Wuppertal, Tel. (02 02) 5 63 36 00
www.zoo-wuppertal.de
○ ÖPNV: S-Bahn 8 und 9, Haltestelle Zoologischer Garten, oder
Schwebebahn 60, Haltestelle Zoo/Stadion

Essbare Kunstlandschaften

 48 *Die Champignonzucht Marseille in Leichlingen*

1968 hatte Peter Marseille keinen Erfolg: Ein schlapper Pilz war in jenem Jahr die Frucht erster Zuchtversuche. Nachdem der alte Obsthof, seit 1737 im Besitz der Familie Marseille, nicht mehr genug abgeworfen hatte, beschloss der neue Eigentümer, sein Glück mit Pilzen zu probieren und in den leer stehenden Obstkellern eine Zucht aufzubauen. „Doch das ging erst mal gründlich schief", erinnert sich Marseille an die Anfänge im Heimatort Bergerhof, nun ein Stadtteil von Leichlingen (Rheinisch-Bergischer Kreis). Heute ist der frühere Landwirt sogar Pilzbotschafter im Auftrag des Bundes Deutscher Champignon- und Kulturpilzanbauer. Nach Anmeldung organisiert er Führungen durch den Familienbetrieb mit Hofverkauf. „Es sind viele Kleinigkeiten, die bei der Pilzzucht ins Gewicht fallen", betont der Fachmann. So regelt die Zufuhr von Frischluft etwa, wie groß der Champignon wird.

Aber nicht nur der Braune Steinpilzchampignon und der Weiße Champignon sprießen in Marseilles Hallen: Rosen-, Limonen- und Kastanienseitlinge gedeihen dort ebenso wie Austernpilze, Shiitake, Pom Pom Blanc und die Pioppino-Samthaube. Nahezu kunstvolle Pilzlandschaften entstehen auf Roggen- und Weizenstroh. Zweimal am Tag, in heißen Sommern sogar dreimal, rücken Marseille und sein Sohn Tim aus, um die Champignons zu pflücken. Stolze drei Millimeter wachsen sie in drei Stunden. Unterwegs wird der Senior niemals müde zu betonen, wie gesund der Genuss von Pilzen ist – ein hoher Eiweißgehalt, ein Reichtum an Vitaminen und viele Mineralstoffe machten Kulturpilze so wertvoll für die Ernährung, schildert der Leichlinger, der dieser Gewächse auch in der eigenen Küche längst nicht überdrüssig geworden ist. Gerade der Samthaube würde in der Medizin eine besonders große Bedeutung zugeschrieben: Sie wirke blutreinigend, während der Shiitake den Cholesterinspiegel senke.

TIPP Folgen Sie den Obstwegen durch Leichlingen oder durch das benachbarte Witzhelden.

○ Champignonzucht Marseille, Bergerhof 71, 42799 Leichlingen,
Besuch nach Anmeldung unter Tel. (0 21 75) 42 82, www.leichlinger-champignonzucht.de
○ ÖPNV: Bus 255, Haltestelle Bergerhof

Kindheitsglück für fünf Cent

49 *Gute Dinge im Freilichtmuseum Lindlar*

Schleckmuscheln, Speckmäuse, kunterbunte Brausetütchen, Zuckerstangen und Lakritzpastillen, aber auch Raketenknaller, Jo-Jos und natürlich Wundertüten: Nicht nur kleine Leute machen am Kiosk „Gute Zeiten" auf dem Gelände des Freilichtmuseums in Lindlar (Oberbergischer Kreis) große Augen. Auch Erwachsenen wird es bei der Erinnerung an vergangenes Kinderglück ganz warm ums Herz. „Wir haben sogar etliche Stammkunden", sagt Marie Honerkamp. Ihre Mutter Ute hat den Kiosk im Museum, das in der Trägerschaft des Landschaftsverbands Rheinland (LVR) steht, 2010 eröffnet. Gebaut aber wurde der quadratische Laden mit Schieferfassade und spitzem Dach um das Jahr 1910: Damals stand das „Büdchen", wie es im Rheinland heißt, auf dem Marktplatz in Wermelskirchen. „Und viele Wermelskirchener erinnern sich an den Kiosk und kommen hierher, um ihn wiederzusehen", erzählt Marie Honerkamp. 2009 musste dieser dann weichen, weil der Platz neu gestaltet werden sollte. Der Kiosk wurde abgebaut und behutsam in Lindlar wieder aufgestellt – „transloziert" heißt das im Fachjargon.

TIPP *Auf der schmucken Golfanlage von Schloss Georghausen in Lindlar, Georghausen 8, sind Gäste willkommen.*

Für Betreiberin Ute Honerkamp ist damit ein Traum in Erfüllung gegangen. Sie sorgt dafür, dass das nostalgische Warenangebot mit Süßigkeiten, Getränken und kleineren Spielsachen – mehrere Hundert Artikel sind es wohl insgesamt – niemals zu Ende geht. Und weil Wundertüten heute so selten sind, macht die Geschäftsfrau diese einfach selbst, nicht nur für Mädchen und Jungen, sondern auch für Frauen und Männer und sogar für Hunde. Süße Erinnerungen gibt es bei Ute Honerkamp derweil aus großen Bonbongläsern und dann in rot-weiß gestreiften Papiertüten schon für kleines Geld – Brause-Ufos für fünf Cent zum Beispiel oder Esspapier zum Knabbern für zehn Cent.

🔴 **Bergisches Freilichtmuseum Lindlar, 51789 Lindlar, Tel. (02266) 9 01 00**
www.freilichtmuseum-lindlar.lvr.de
🔴 **ÖPNV: Bus 421, Haltestelle Lingenbach**

Blüten, die Sonne sammeln

 50 *Das Naturgut Ophoven in Leverkusen*

Man muss genau hinsehen, um das Mittelalterliche auf dem Naturgut Ophoven im Leverkusener Stadtteil Opladen zu erkennen. Von der einstigen Wasserburg des Ritters Jakob von Uphoven aus dem späten 13. Jahrhundert ist heute nur noch dieses eine, jüngere Gebäude aus dem 15. Jahrhundert erhalten: Es ist weiß getüncht und hebt sich zumindest aufgrund seiner Farbe von den übrigen Gebäuden des früheren Landguts ab. Dort und in die anderen Bauwerke eingezogen ist 1984 ein Zentrum für Schulbiologie und Natur, gegründet von einer kleinen Schar engagierter Naturschützer. Diese brachten das marode Gebäudeensemble, das ihnen die Stadt Leverkusen zum Glück überlassen hatte, mit viel Ausdauer und Geschick auf Vordermann. Heute dient es als Umweltbildungszentrum und damit als moderner und vielfach prämierter Wissenshort für Kinder und Erwachsene gleichermaßen. Nach seiner Sanierung von 1998 bis 2002 entspricht das alte Landgut wieder dem Aussehen von 1452.

60.000 Quadratmeter groß ist das versteckt gelegene Gelände mit üppigen Gärten, Kräuterbeeten, Teichen und Kunst, die auch noch Energie spendet: Alte Autobahnschilder weisen nicht mehr den Weg von Stadt zu Stadt über grauen Asphalt. Sie formen heute gigantische Blumen, die mit ihren Blüten Sonnenstrahlen fangen. Es sind „Solarkunstwerke aus Industriefundstücken" des Kölner Metallkünstlers Odo Rumpf, die er als Brücken zwischen der Vergangenheit und der Zukunft verstanden wissen will. Für junge Besucher gedacht ist das Kinder- und Jugendmuseum „EnergieStadt" mit Spielen und Experimenten zum Thema Energie. Ein Bio-Bistro ist auf der Anlage ebenfalls geöffnet. Rund 150 Besucher steuern das von Wald und Wiesen sowie einem Naturlehrpfad umgebene Gut nach Angaben seiner Leitung täglich an. Mehr als 200 Kurse und Seminare stehen pro Jahr zur Auswahl. Zuletzt hinzugefügt wurde 2016 der „WasserWeg" im ebenfalls neuen Feuchtbiotop „Amphibion".

 TIPP Besuchen Sie das Museum mit zeitgenössischer Kunst auf Schloss Morsbroich in Leverkusen.

Naturgut Ophoven, Talstraße 4, 51379 Leverkusen, Tel. (0 21 71) 73 49 90
www.naturgut-ophoven.de
ÖPNV: RB 48 und RE 7, Haltestelle Bahnhof Opladen

Herrlich nostalgisch

51 *Der Blaue See in Ratingen*

Ein kleiner Junge – bekleidet mit einem rot-weiß geringelten Nicki-T-Shirt und einer ebenso knallroten Nicki-Sporthose – sitzt freudestrahlend und überglücklich auf einem Feuerwehrauto. Das Blaulicht blitzt, die Hände halten fest das Lenkrad, und der Fuß senkt sich entschlossen auf das Gaspedal. Die Farben auf diesem Foto, aufgenommen in den späten 1970er-Jahren, sind längst verblasst und gelbstichig. Doch die kleinen Elektroautos gibt es noch heute im Freizeitpark am Blauen See in der Stadt Ratingen (Kreis Mettmann), auch wenn Formel-1-Boliden und Monster-Jeeps Feuerwehr und Polizei ersetzt haben. Und natürlich heißt der Freizeitpark nicht mehr Freizeitpark, sondern „Erlebniswelt". In Ratingen wird die Anlage auch „Groschenpark" genannt. Die Unterhaltungsangebote auf dem rund 220.000 Quadratmeter großen Gelände sind herrlich aus der Zeit gefallen: Eine Scooterbahn, ein Parcours für ebenjene Elektroautos, gibt es dort ebenso wie eine Miniatureisenbahn, einen Märchenzoo, Trampolinanlagen, Minigolf, Elektrobötchen auf einem Kunstsee sowie Tretboote auf dem richtigen See. In den 1930er-Jahren war dort ein Kalksteinbruch, der dann mit Grundwasser volllief.

TIPP **Beachten Sie auch den Theaterspielplan der Naturbühne Blauer See, www.naturbuehneblauersee.de.**

„Den Freizeitpark gibt es seit 1952, niemals war hier Stillstand", sagt Andreas Heinz, einer der Pächter am Blauen See. Ihm gehören die 1960 erbaute Dampfeisenbahn und die Autos. Übernommen hat er diese Fahrgeschäfte, weil sie ihm selbst als Kind Freude bereitet haben, er wollte sie erhalten. „Hier kann man doch wunderbar die Seele baumeln lassen", findet Heinz. Und in der Tat: Dort braucht es kein Wedeln und Wischen, kein Drücken auf Bildschirme. Eine Handvoll Euros bedeutet Spaß. Erwachsene schwelgen in Nostalgie, während Leo aus Ratingen zum Beispiel dort seinen zehnten Geburtstag feiert – unter anderem in einem riesigen Sandkasten, in dem echte Baustellenbagger stehen und auf Arbeit warten. Diese hat es damals noch nicht gegeben, als jener Junge Feuerwehrmann spielte. Und jener Junge ist übrigens der Autor dieser Zeilen.

**Blauer See, Zum Blauen See 20, 40878 Ratingen, Tel. (0 21 02) 5 79 51 71
www.blauersee-ratingen.de
ÖPNV: Bus 773, Haltestelle Blauer See**

Dunkle Biene, kühles Biotop

 52 *Das Silberdorf Benroth*

Hölzerne Planken führen in den stets kühlen Erlenbruchwald am Langenbach, unter den Füßen erstreckt sich fruchtbarer Boden, beruhigend plätschert das Wasser. Schon 1985 haben die Benrother dieses Feuchtbiotop mit einem Rundweg angelegt. Und das hat den 345 Bewohnern dieses Ortes in der Gemeinde Nümbrecht (Oberbergischer Kreis) so manchen Preis beschert. Überhaupt lässt es sich in Benroth prima aushalten: 2015 gab es Gold im Landeswettbewerb „Unser Dorf hat Zukunft", im Juli 2016 sogar Silber auf der Bundesebene. „Aber wir arbeiten nicht für Preisrichter, sondern für uns", betont indes Werner Demmer, der Vorsitzende der Dorfgemeinschaft. Ein Dorfhaus mit Biergarten haben sich die Benrother in 8000 Arbeitsstunden ebenso gebaut wie einst jenes Biotop und einen Backes – frisches Brot gibt es dort oft. Überhaupt teilen die Menschen ihr Glück gern mit Besuchern: Sie laden zu „Führungen mit allen Sinnen" ein. Ein Blick ins Internet lohnt sich also vor dem Ausflug in den Süden des Homburger Ländchens.

Historische Fachwerkhäuser, bunte Gärten, bergische Bruchsteinmauern, eine Scheune voller Kunst, die Osterhammel-Ranch mit Kursen im Westernreiten, üppige Streuobstwiesen und etliche Brunnen gibt es zudem in dem um das Jahr 900 entstandenen Weiler und nun auch einen Weinberg, den heute wahrscheinlich einzigen im oberbergischen Kreisgebiet: 52 Solaris-Reben hat Uwe Becher in schönster Sonnenlage angepflanzt. Und nicht nur das: In der Nähe des Biotops brummen Dunkle Bienen, eine der ältesten und inzwischen seltensten Arten in Deutschland. Das Imkerpaar Lilo Piontek und Hans-Joachim Werner hütet 20 Völker. Und einen guten Imbiss gibt es in Benroth ebenfalls.

TIPP Gönnen Sie sich eine Currywurst mit Fritten im Imbiss Dampflok, Benrother Straße 4.

● Benroth, 51588 Nümbrecht, www.nuembrecht.de, www.benroth.de
● ÖPNV: Bus 346 und 530, Haltestelle Benroth

Steile Stiege in die Historie

53 *Das Heimatmuseum Oberdörster in Lohmar*

Zum Glück hat Kurt Oberdörster in seinem Leben nur selten „Nein" gesagt. Denn hätte er kein Herz für alte Dinge, gäbe es das urige Heimatmuseum im Lohmarer Weiler Schönenberg (Rhein-Sieg-Kreis) nicht. „Alles original", sagt Oberdörster. Aus dem Jahr 1750 sind die Stücke mit der längsten Geschichte, aus dem frühen 20. Jahrhundert die jüngeren Exponate, fast alles ist Familienbesitz. 1984 hatte Oberdörster so viele Schätze angehäuft, dass er den Landwirtschaftshof aufgab und zum Museum erklärte. „Achtung, Balken!", warnt der Gründer, erklimmt man die steile Stiege, um über den Heuboden der Scheune zu streifen. Dort haben Oberdörster und Ehefrau Rosemarie Szenarien liebevoll gestaltet und Zimmer vergangener Jahrzehnte eingerichtet.

Den Schwarzen Herren-Salon von Onkel Bruno (um 1910) gibt es dort ebenso wie Großmutters Schlafkammer mit Oberdörsters eigener Kinderwiege, eine bergische Küche, ein Speisezimmer und eine Waschküche. Durch eine Holztür führt der Weg in die vergangene Arbeitswelt: Einer Weberei mit funktionstüchtigem Webstuhl folgt der Arbeitsraum eines Schusters, gegenüber steht die Werkstatt eines Schreiners, während im Erdgeschoss das einzige Klassenzimmer der örtlichen Volksschule nachgebildet ist. Und natürlich fällt dem Hausherrn zu jedem Stück eine Geschichte ein. „Die Werkstätten wurden mir überlassen, wenn die Besitzer den Beruf aufgaben", schildert Oberdörster. „Die alte Handwerkskunst stirbt aus."

TIPP Gönnen Sie sich einen guten Schluck in der Erlebnisbrauerei von Markus Hau in Lohmar-Meigermühle.

Gegenüber, im ehemaligen Kuhstall, parkt Schönenbergers ganzer Stolz: Auf Hochglanz poliert stehen dort Mofas und Motorräder der Marke Zündapp aus Nürnberg und später München, die nur von 1921 bis 1984 existierte. Eine Z 22 von 1922 ist die älteste Maschine, der „Grüne Elefant" von 1952, eine Zündapp KS 601, wohl die imposanteste. Und ein kleiner Janus, Zündapps Rollermobil mit vier Sitzen, gehört ebenfalls zur Sammlung. „Den Schulkindern bereitet es immer den größten Spaß, wenn ich die Tür zum Plumpsklo öffne", verrät Kurt Oberdörster augenzwinkernd.

▶ Heimatmuseum Oberdörster, Schönenberg 19, 53797 Lohmar,
Besuch nach Anmeldung unter Tel. (0 22 06) 33 70

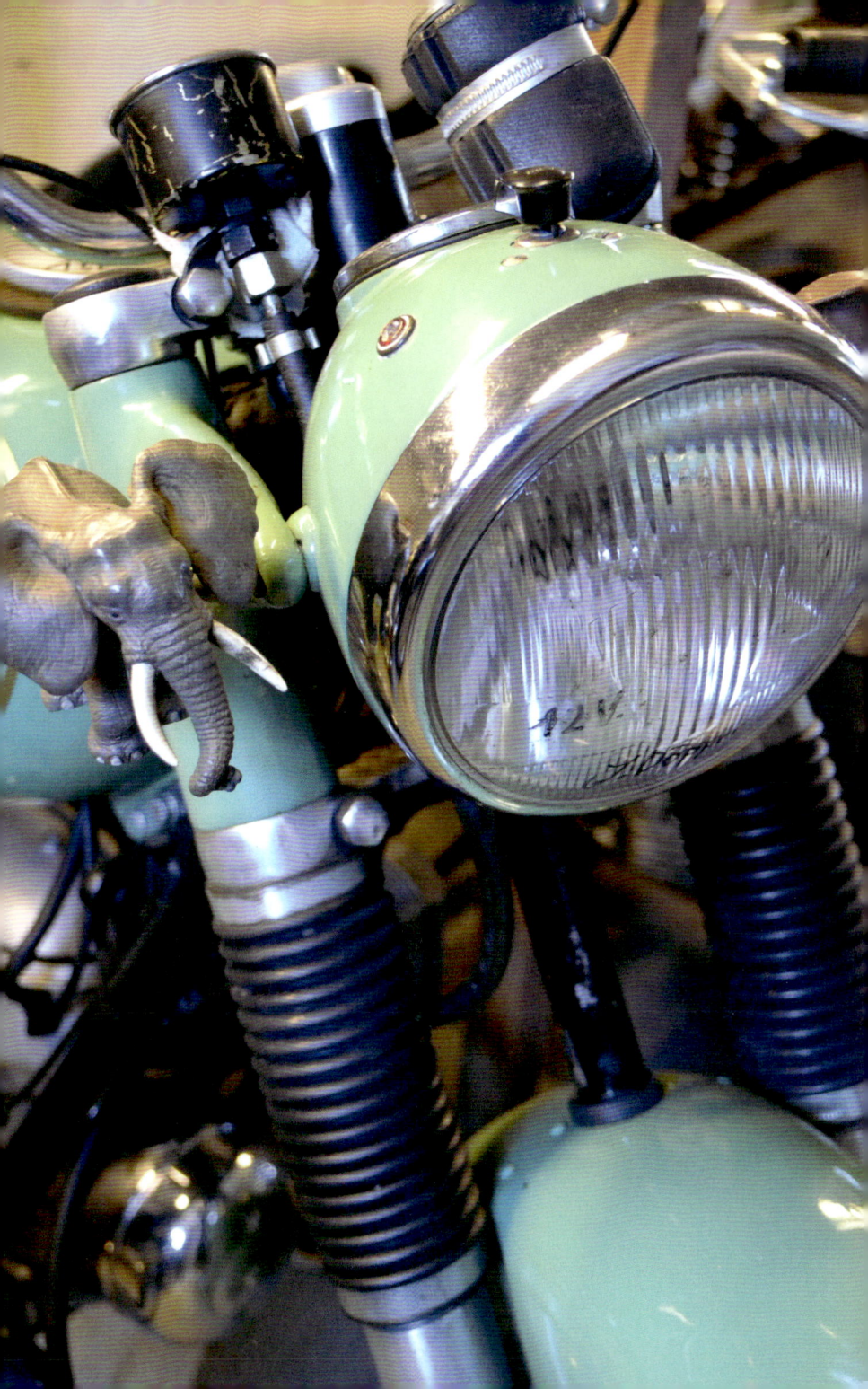

Bergisches von oben

54 *Der Flugplatz „Auf dem Dümpel" in Bergneustadt*

Das Brummen verebbt niemals. Kaum hat eine Maschine aufgesetzt und die Parkposition erreicht, da hebt schon die nächste ab. An sonnigen Wochenenden, und vor allem sonntags von 11 bis 18 Uhr, sind auf dem Flugplatz „Auf dem Dümpel" in Bergneustadt (Oberbergischer Kreis) Starts und Landungen dicht getaktet. Denn die fast 70 Piloten des Luftsport-Clubs Dümpel nehmen gerne Gäste mit in die Luft, und das zum Selbstkostenpreis. Acht Motorflugzeuge und 13 Segelflieger gehören dem Verein, der das rund 18.000 Quadratmeter große Gelände auf einer Höhe von 490 Metern und die grünen Grasbahnen in Schuss hält. An klaren Tagen reicht der Blick von dort weit ins Bergische Land hinein, bis zum Siebengebirge bei Bonn auf der einen, mindestens bis in den Kreis Olpe auf der anderen Seite. „Das wahre Glück aber liegt über den Wolken", schwärmen die Vereinssprecher Andreas Cronrath und Tobias Schiemann. „Dort oben vergisst man alles andere." Und wer auf seinen Rundflug warten muss, der genießt am Fuße des Towers Kaffee und Kuchen auf der Terrasse des örtlichen Cafés.

TIPP Nicht ganz so hoch hinaus geht es auf dem Bergneustädter Aussichtsturm auf dem Knollen.

Offiziell in Betrieb gegangen ist der Flugplatz 1951, doch soll auch in den Jahren zuvor dort immer mal wieder einer in die Luft gegangen sein. 2011 entschlossen sich die beiden Vorgängervereine, der Luftsportverein Oberberg und der Segelfliegerclub Bergneustadt, fortan gemeinsame Sache zu machen und dafür zu einem Verein zu verschmelzen. Die klassische Flugsaison dauert von April bis Oktober, danach bleiben die Segelflieger in den Hangars. Die motorisierten Maschinen fliegen, wenn es eben geht, das ganze Jahr. Besondere Spektakel auf dem Dümpel sind das jährliche Flugplatzfest im Sommer, bei dem auch die tollkühnen Kunstflieger des Acro-Teams aus Meschede im Sauerland mit historischen Maschinen in die Höhe steigen, und das herbstliche Drachenfest.

● Flugplatz „Auf dem Dümpel", 51702 Bergneustadt, Tel. (0 27 63) 75 96
www.lsc-duempel.de

Unersetzliches Massengut

 Papiermühle Alte Dombach in Bergisch Gladbach

Wer dem Schöpfer gegenübertritt, erlebt, wie aus einer pappigen Pampe auf einem rechteckigen Gitter ein Blatt Papier entsteht. Dietmar Stäbler ist Schöpfer in der 1614 eröffneten Papiermühle Alte Dombach in Bergisch Gladbach (Rheinisch-Bergischer Kreis), die seit dem Jahr 1999 ein Industriemuseum in der Trägerschaft des Landschaftsverbands Rheinland ist. Ein Mühlrad, ein Lumpenstampfwerk und eine Laborpapiermaschine sind auch heute noch in Bewegung. Und mit ruhiger Hand führt Stäbler dort jene alte Kunst des Papierschöpfens vor, schließlich gibt er das frische Papier zum Trocknen. Ausführlich erklärt Stäbler dabei, wie viel Arbeit in einem einzigen dünnen Bogen steckt, „früher war jeder Schritt ein eigener Beruf". Zudem dürfen Besucher ebenfalls den Schöpfrahmen in die Hand nehmen. Gegenüber füllt sein Kollege Klaus Klein derweil einen großen Bottich mit ebendemselben Brei: An seiner Maschine, Baujahr 1957, entsteht das Papier fast ohne menschliches Zutun. Etwas Geschick und auch Glück braucht Klein trotzdem: Schlägt die frische Papierbahn Wellen, muss er erneut mit der Produktion beginnen.

TIPP *Entdecken Sie auch das Kunstmuseum Villa Zanders am Konrad-Adenauer-Platz in Bergisch Gladbach.*

Das Museum zeigt 200 Jahre aus der Geschichte dieses dünnen Alltagsgegenstands: Von der Handarbeit geht es zur Massenproduktion, vom Luxusgut zur Meterware, von der Herstellung aus Lumpen als Hauptzutat bis hin zur Verwendung pflanzlicher Rohstoffe und zum Recycling aus Altpapier in der Gegenwart. Maximal elf Tonnen Papier liefen zum Beispiel über die 40 Meter lange und fünf Meter hohe „Papiermaschine 4" aus dem Werk Gohrsmühle von 1889, die in einer eigenen, 1870 dafür erweiterten Halle untergebracht ist. Von 1614 bis 1900 wurde in der Alten Dombach Papier produziert, die Firma Zanders, deren Inhaberfamilie auch die Villa Zanders (heute ein Kunstmuseum in der Stadtmitte von Bergisch Gladbach) gehörte, war damals der größte Papierhersteller weit und breit.

▶ **Papiermühle Alte Dombach, Alte Dombach 1, 51465 Bergisch Gladbach, Tel. (0 22 34) 9 92 15 55**
www.industriemuseum.lvr.de
▶ **ÖPNV: Bus 426, Haltestelle Dombach**

Ein Haus für Himmelsboten

 Das Engelmuseum in Engelskirchen

Eigentlich hat eine große deutsche Versicherung schon zugesagt, die Sammlung zu übernehmen. Doch als die Zeiten rau werden und die Finanzkrise hart zuschlägt, lehnt das Unternehmen diesen Kauf prompt ab. Was für ein Glück: Denn eine Gemeinde, die „Engel" im Namen hat und ein Christkindpostamt beherbergt, braucht ein entsprechendes Museum. Und das hat Engelskirchen (Oberbergischer Kreis) seit November 2015: Mehr als 2000 Exponate sind heute im Engelmuseum zu sehen. Sie gehören zur weltweit größten Sammlung von Himmelsboten, deren gesamter Umfang mehr als 15.000 Stücke beträgt. Diese hatten dem Sammler Johann Fischer (1935–2012), der in Kürten-Engeldorf (Rheinisch-Bergischer Kreis) lebte, im Jahr 2002 einen Eintrag im „Guinness-Buch der Rekorde" beschert.

Nachdem jene Versicherung abgesagt hatte, schenkte Fischer seine geflügelten Schätze aus aller Welt der Gemeinde Engelskirchen. Dort gründete sich 2010 ein Verein, der dann das Museum in der 1860 erbauten Schlosserei des früheren Kraftwerks Ermen und Engels, heute ein Industriemuseum, einrichtete. „Weihnachten ist es hier so schön, dass man es kaum aushält", schwärmt Museumssprecher Lukas Schlichtebrede mit Blick auf die Exponate zwischen Kulturgut, Kunst, Kuriosität und groteskem Kitsch unter der himmelblauen, von Engeln bevölkerten Decke. Diese ist ein Werk des Künstlers Dr. Uwe Bathe. Unauffällig ist indes das älteste Stück: Nur 0,2 Gramm wiegt die winzige Engelfigur aus Bronze, die – so schätzen Wissenschaftler – im Jahr 1000 vor Christus in Mesopotamien gefertigt wurde. Ungewöhnlich dagegen die hölzerne Skulptur des Erzengels Michael aus dem 17. Jahrhundert: Sie zeigt den Bezwinger Satans mit Schwert und Seelenwaage. „Normalerweise hält er entweder das Schwert oder die Waage", erklärt Fachmann Schlichtebrede. Zu den eher obskuren Schaustücken zählt dagegen eine Barbie-Puppe im Engelsgewand.

TIPP Das Industriemuseum Ermen und Engels ist nur wenige Schritte entfernt – lassen Sie es nicht aus.

Engelmuseum, Engels-Platz 7, 51766 Engelskirchen, Tel. (0 22 63) 9 52 58 85
www.engel-museum.de
ÖPNV: RB 25, Haltestelle Engelskirchen Bf.

Papyrus und Wasserfall

57 *Der Japanische Garten in Leverkusens Chempark*

Kilometer um Kilometer erstreckt sich entlang der Düsseldorfer Straße (Bundesstraße 8) zwischen dem nördlichen Kölner Stadtteil Flittard und dem Stadtrand von Leverkusen der Chempark der Bayer AG. Industriegebäude, Fabrikhallen, Schornsteine, Verwaltungshäuser, überall gesicherte Pforten. Niemand würde dort eine grüne Oase vermuten. Oder doch? Von der Düsseldorfer Straße geht die Kaiser-Wilhelm-Allee ab und schlägt einen großen Bogen. Und wer dieser Straße folgt, der findet nicht nur den 22 Hektar großen Carl-Duisberg-Park und das hochklassige Restaurant „Zum Löwen", sondern auch ein wunderbares Stück Japan.
Nicht nur den Angestellten des Bayer-Konzerns ist der Besuch dieser rund 15.000 Quadratmeter großen Grünanlage inmitten des Chemieparks vorbehalten: Das Gelände mit Bachläufen, Wasserfällen, 3000 Quadratmeter großen Teichen und Tümpeln, Springbrunnen, Pagoden und geschwungenen Brücken steht jedem Gartenliebhaber offen. Ein Teehaus und einen Glockenturm gibt es dort zwischen Goldahorn, Zierkirsche, Kamelie, Papyrusstaude, Chrysantheme und Rhododendron ebenfalls.

TIPP Besuchen Sie auch den Freudenthaler Sensenhammer, ein Industriemuseum.

Einen ersten, von Japan inspirierten Garten ließ der passionierte Bonsai-Züchter Professor Carl Duisberg (1868–1935), Aufsichtsrats- und Verwaltungsratsvorsitzender der damaligen I.G. Farbenindustrie AG und späterer Bayer-Generaldirektor, in den Jahren von 1912 bis 1914 durch den Gartenbau-Inspektor Richard Hartnauer neben seiner Villa anlegen, etwa 250 Meter entfernt vom heutigen Japan-Garten.
Dabei hatte Duisberg den asiatischen Inselstaat bis dahin noch nie besucht: Bei einer Weltreise im Jahr 1926 hatte er das Glück, auch das Kaiserreich anzusteuern. Sofort war seine Leidenschaft für die japanische Gartenkultur geweckt. Nach Leverkusen zurückgekehrt, ließ er den Japanischen Garten deutlich erweitern. 1960 indes wurde dieser an seine heutige Stelle verlegt, seit den 1950er-Jahren ist er bereits öffentlich zugänglich.

Japanischer Garten, Kaiser-Wilhelm-Allee, 51373 Leverkusen
www.bayer.de oder www.leverkusen.de
ÖPNV: S-Bahn 6, Haltestelle Chempark Leverkusen

Ein Hort puren Männerglücks

 58 *Die Burgküche auf Schloss Homburg in Nümbrecht*

Es ist der 23. Mai 1973. Der sowjetische Staatschef und Generalsekretär der KPdSU, Leonid Breschnew, ist auf Staatsbesuch in Deutschland. Zunächst besucht er Bundeskanzler Willy Brandt in der früheren Bundeshauptstadt Bonn. Später am Tag aber zieht es die Männer in die Gemeinde Nümbrecht (Oberbergischer Kreis), dort besuchen sie Schloss Homburg. Und es wird ein langer, ein sehr langer Besuch: In der kühlen Burgküche nämlich lassen es sich Brandt und Breschnew so richtig gut gehen. Schweinebraten steht auf den groben Tischen, das Bier fließt in Strömen, und auch an klaren oberbergischen Schnäpsen, so verrät eine der wenigen Quellen zu diesem Ereignis, habe kein Mangel bestanden. An diesem Tag ist die Burgküche ein Hort reinsten Männerglücks. An der breiten Tafel nehmen zudem Bundessonderminister Egon Bahr und Nordrhein-Westfalens damaliger Ministerpräsident Heinz Kühn Platz. Und am Morgen danach titelt die Oberbergische Volkszeitung eher nüchtern: „Breschnew gefiel Homburg". Kein zweites Mal hat es einen solchen Staatsempfang auf Schloss Homburg, dem Wahrzeichen Oberbergs, gegeben.

TIPP Schließen Sie sich einer Führung durch die Säge- und Getreidemühle sowie die Backstube am Schloss an.

Heute zeigt der Raum im Untergeschoss des Sayn'schen Hauses, wie in einer mittelalterlichen Küche gearbeitet wurde und welche Küchengeräte dem Personal zur Verfügung standen, wie Vorräte angelegt werden konnten und wie etwa Butter hergestellt wurde. Ein – im wahrsten Sinne des Wortes – herausragendes Stück ist der riesige Rauchfang, der ob seiner Größe als einzigartig im Rheinland gilt. Klar wird dort auch, woher die Redensart „einen Zahn zulegen" stammt: So wurde die Hitze in einem Kessel durch den Abstand zum Feuer geregelt. Der Kessel hing mit einem Haken an einer Reihe aus Stahlzähnen. Und je weiter er daran nach unten wanderte – wenn also ein Zahn zugelegt wurde –, umso heißer wurde damit sein Inhalt.

 Schloss Homburg, Schloss Homburg 1, 51588 Nümbrecht, Tel. (0 22 93) 91 01-0
www.schloss-homburg.de
 ÖPNV: Bus 302 und 312, Haltestelle Schloss Homburg

Rasten an der Schleife

59 *Das Siegufer bei Windeck-Dreisel*

1892 wurde die erste Brücke über die Sieg geschlagen und aus Stein gebaut. Und bislang ist sie die einzige Querung, die Dattenfeld und Dreisel miteinander verbindet. Seit Jahren schon tobt die Diskussion, ob eine zweite, nur für Fahrräder geöffnete Brücke diesen beiden Orten in der Gemeinde Windeck (Rhein-Sieg-Kreis) guttun würde. Ob Unglück oder Segen, darüber ist noch immer nicht entschieden. So ist Dreisel mit nicht mal 700 Einwohnern geografisch gesehen zwar die Mitte Windecks und der 66 Ortschaften insgesamt, aber noch immer liegt das Siegdorf ziemlich abseits. Aber das ist den Dreiselern herzlich egal. Sie genießen die Idylle und die Ruhe auf ihrem Flecken im Leuscheid, dem Höhenzug im nördlichsten Westerwald an der Grenze zu Rheinland-Pfalz, und inmitten von Naturschutzgebieten.

Hier schlägt die Sieg einen mächtigen Haken: Dort, wo die Steinbachstraße auf die Straße „Am Beuelsbach" trifft, da lässt es sich prima aushalten. Am Ufer ist ein Parkplatz angelegt, auf dem nicht selten Campingmobile stehen. Grün und weich sind die Wiesen, sie laden dazu ein, die Sonnenliege aufzuklappen oder wenigstens ein Strandtuch auszubreiten. Und wenige Meter weiter hat sich die Dorfgemeinschaft von Dreisel mit Bänken, Blumen und Brunnen 1985 ein lauschiges Plätzchen unter Bäumen geschaffen.

TIPP Steuern Sie auch die Kirche Sankt Laurentius, den mächtigen Siegtaldom, im Nachbarort Dattenfeld an.

Wann der Ort besiedelt wurde, ist ungewiss, jedoch gibt es Fundstücke aus der Altsteinzeit: Auf die Zeit um das Jahr 11.000 vor Christus datiert wird etwa eine Tonschieferscherbe mit Tiergravur. Als „Windecker Elch" ist sie in die Forschungsgeschichte eingegangen. Besondere Funde sind auch heute noch möglich: Im Boden und im Wasser der Sieg finden sich blaue und grüne Steine. Diese stammen aus der Eisenerzverhüttung ab dem zwölften Jahrhundert, die im Bereich der heutigen Straße „Am Eisenwoog" und damit in der Nähe des Flusses vermutet wird. Und bis die Entscheidung über die neue Fahrradbrücke fällt, fließt noch so manches Wasser die Sieg hinunter.

Siegschleife bei Dreisel, Stellplatz Steinbachstraße, 51570 Windeck
ÖPNV: Bus 579, Haltestelle Dreisel

Scharfes Handwerk

 60 *Der Wipperkotten in Solingen*

Etwa 170 Arbeitsgänge und mindestens sechs Spezialisten braucht es, um eine hochwertige Schere herzustellen. „Die hält dann aber auch für die Ewigkeit", verspricht Reinhard Schrage, der sich nur noch selten über das Glück freuen kann, ein solches Arbeitsgerät in den Händen zu halten. Denn die Zeiten, als derart wertvolle Schneidwerkzeuge in den rund 120 Solinger Kotten produziert wurden, sind lange vorbei. Einzigartig ist heute der im Jahr 1605 erstmals urkundlich erwähnte Wipperkotten im Weiler Wipperaue: Zwei Schleiferwerkstätten liegen einander dicht gegenüber – solche Doppelkotten existieren sonst nicht mehr. Doch während im Innenkotten früher mehr als 30 Schleifer beschäftigt waren und dieser seit 1945 nur noch als Café und Ausstellungsraum dient, ist der andere immer noch in Betrieb und der einzige, den die Kraft der Wupper antreibt: Zwei Wasserräder setzen die Anlage, den Außenkotten, mit etwa 20 Pferdestärken in Bewegung.

Reinhard Schrage und Schleifer Herbert Loos gehören zu einer Gruppe von Ehrenamtlern, die dieses Solinger Industriedenkmal in idyllischer

TIPP Kein Messer ohne Klinge - Wissenswertes zur Solinger Ware Nummer eins gibt es im Deutschen Klingenmuseum.

Lage dort, wo der Weinsberger Bach in die Wupper fließt, in Schuss halten. „Damals arbeiteten hier 18 Schleifer", schildert Schrage. Messer, Scheren und Gartengeräte können nen dort immer freitags zum Schleifen abgegeben werden. Solinger Zöppken und Knippchen – schlanke, aber blitzscharfe Küchenhelfer – gibt es derweil im kleinen Museumsladen des massiven Fachwerkhauses zum Kauf. Die Schleifstuben im oberen Geschoss, das mächtige Kammrad mit seinen Eschenholzzähnen und eine Pließtstelle für den letzten Feinschliff im Erdgeschoss sind von April bis Oktober zu besichtigen (an Werktagen indes nur mit Anmeldung). Schautafeln und Exponate in Vitrinen klären weiterhin über das alte Handwerk auf.

● Schleiferei Wipperkotten, Wipperkotten 2, 42699 Solingen, Tel. (02 12) 6 45 71 66
www.wipperkotten.com
● ÖPNV: Bus 250, Haltestelle Leichlingen-Nesselrath

Altes Getreide ganz modern

61 *Die Horbacher Mühle in Neunkirchen-Seelscheid*

Wieder einmal ist viel zu tun, die Arbeit hinterlässt Spuren: Paul-Heinz Dobelke ist weiß von Kopf bis Fuß, emsig wuselt das Familienoberhaupt zwischen Mahlwerken und Schüttelsieben herum. Mit Argusaugen überwacht der Müllermeister in der Horbacher Mühle die Produktion. Denn Dobelke will ein starkes Mehl: „Das geht nur einmal auf – nämlich im Ofen." Und dafür muss es möglichst kühl gemahlen werden: Gerät das Getreide zwischen die Walzen, darf nur wenig Reibung entstehen. Reibung bedeutet Wärme. „Und nur Mehl, das wenig Wärme bekommt, ist am Ende ein starkes Mehl", erklärt Johannes Dobelke. 2007 noch wollte der gelernte Steuerfachangestellte den elterlichen Betrieb im Ort Oberhorbach der Gemeinde Neunkirchen-Seelscheid (Rhein-Sieg-Kreis) nicht unbedingt übernehmen. Damals drohte dem 1841 gegründeten Handwerksbetrieb das Aus.

Doch diverse Lebensmittelskandale und der aufkeimende Wunsch der Kunden, die Herkunft eines Produkts genau zu kennen, bescherten der Mühle neues Glück: Plötzlich ging es aufwärts. So stellt die Familie Dobelke heute nicht nur Mehle her, sondern auch Fertigmischungen – für Kekse und Kuchen etwa, für Pizzaböden und Spätzle. Und dieser Aufschwung war dem jüngsten Sohn Grund genug, den erlernten Beruf aufzugeben und im Mühlengeschäft mit eigenem Hofladen mitzumischen.

TIPP *Machen Sie Picknick an der Burgruine Herrenbröl an der Ackerwiese (Bundesstraße 478) in Ruppichteroth.*

„Wir beliefern nicht nur Kunden in Deutschland: Unsere Ware geht nach Europa, Skandinavien, die USA und Asien", schildert er. Verarbeitet werden in den zwölf Mahlgängen alte Arten von (Ur-)Getreide, jüngst hinzugekommen sind Champagnerroggen, Einkorn und Emmer. Besonders Allergiker und Menschen, die unter Zöliakie (Gluten-Unverträglichkeit) leiden, schätzen die Produkte aus Oberhorbach. Landwirte ausschließlich aus der Region beliefern den Familienbetrieb.

● **Horbacher Mühle, Oberhorbacher Straße 25, 53819 Neunkirchen-Seelscheid, Tel. (0 22 47) 30 01 02, www.horbacher-muehle.de**

Kräuter für den Kardinal

 62 *Die Museumsdestille Frantzen in Remscheid*

Glücksorte sind nicht düster, feucht und muffig. Und man muss dort auch nicht mit großer Vorsicht einen Fuß vor den anderen setzen. Rutschig ist der Boden im Keller, und man möchte ihn nicht bei Licht sehen. Dr. Rainer Frantzen bittet trotzdem darum, ihm zu folgen, sobald sich die Augen an die Dunkelheit gewöhnt haben, versteht sich. Ihm gehört in elfter Generation die Destille Frantzen, 1823 gegründet. Seit 1986 wird in Stachelhausen, Remscheids ältestem Stadtteil, aber nicht mehr gebrannt. Der Familienbetrieb ist dennoch geblieben: Seit 1992 als privat geführtes Museum, in dem weiterhin Kornbranntweine und feine Liköre veredelt werden. Und die lagern eben auch in riesigen Eichenholzfässern aus Spanien und Frankreich, die sich unter der alten Destille in der Dunkelheit stapeln. Dort ruht Frantzens ganzes Glück, seit 1963 zum Beispiel der Paradiestropfen. „125 Euro die Flasche", sagt Frantzen knapp und grinst. Aus ganz Deutschland kommen die Besucher, die er nach Anmeldung durch die alten Produktionshallen und vielleicht auch in den Lagerkeller bringt. Dort hinunter führt ein Schrägaufzug von 1901, der original erhalten und voll funktionstüchtig ist.

TIPP Schlendern Sie durch den historischen Ortskern von Remscheid-Lennep. Dort steht das Röntgen-Museum.

Vier Kornbrände hat Frantzen heute im Angebot: zwei Weinbrände, die den Namen „Graf vom Berg" tragen, und Liköre wie das „Danziger Goldwasser", Boonekamp und vor allem seit 1948 den „Kardinal", einen mit 42 Prozent Alkohol gesegneten Mönchstropfen. „41 Kräuter verwenden wir bei der Herstellung, darunter Kardamom", verrät Rainer Frantzen und schüttelt, nach weiteren Details gefragt, energisch den Kopf. Nicht ohne Grund ruht das Rezept hinter schweren Eisentüren im Tresor. „Die Tradition dieser Klosterliköre beginnt in der Chartreuse und in den Klöstern Savoyens", erklärt der Experte. Längst habe der „Kardinal" übrigens die Korngetränke in der Gunst der Kunden überholt. Und wer sich einen „Kardinal" gönnt, der weiß warum: Süß ist der Likör nicht, dafür kräftig-aromatisch im Geschmack und mit wohltuender Wirkung.

Museumsdestille Franzten, Alte Freiheitsstraße 24, 42857 Remscheid,
Anmeldung erbeten unter Tel. (0 21 91) 2 69 26, www.gebr-frantzen.de
ÖPNV: Bus 615, Haltestelle Allee-Center

Eine Welt für Dick und Doof

 63 *Das Laurel- & Hardy-Museum in Solingen*

Wolfgang Günthers größtes Glück ist es, wenn Tränen fließen und sich seine Gäste krümmen vor Lachen. Ein paar Stuhlreihen hat der Enthusiast Günther zusammengestellt. Ist sein Laurel- & Hardy-Museum mitten im Solinger Stadtteil Wald offen, flimmern jene kurzen Schwarz-Weiß-Streifen über die Leinwand. Der Chef bittet, auf klapprigen Sitzen Platz zu nehmen inmitten jenes Universums, das er seinen Lieblingsschauspielern Stan Laurel und Oliver Hardy gewidmet hat. In Deutschland kitzelten die beiden als „Dick und Doof" die Lachmuskeln ganzer Generationen. „Wenn die Leute hier sitzen und sich schlapplachen, dann gibt es für mich nichts Schöneres", bestätigt der Journalist Günther. Mit seiner Ehefrau Vera trägt er seit 1990 in einem früheren Kotten, einer für das Bergische Land typischen Werkstatt, Devotionalien aus aller Welt rund um den Briten Laurel (1890–1965) und dessen kongenialen Partner, den Amerikaner Hardy (1892–1957), zusammen.

Dazu gehören Figuren des Duos ebenso wie Drehbücher, Fotos, Zeitungsberichte und natürlich die Filme. Günthers größter Schatz ist eher unscheinbar: Es ist eine Schellackplatte in braunem Papier. Zu hören sind – natürlich – Stan Laurel und Oliver Hardy. Das Gespann bedankt sich darauf für die Begeisterung, die ihnen die Fans während einer Reise durch Großbritannien entgegengebracht haben, die eigentlich als Urlaub gedacht war: „Oliver Hardy war leidenschaftlicher Golfspieler und wollte in England ein wenig spielen." Die Schaustücke kann der Sammler schon lange nicht mehr zählen. Rund 1200 Besucher habe er im Jahr, sagt Günther. Ihnen berichtet er etwa, wie sich das Duo 1925 durch den Filmproduzenten Hal Roach (1892–1992) kennenlernte und gemeinsam eine unvergleichliche Karriere begann, bis 1932 drehten Laurel und Hardy fast ausschließlich Kurzfilme. Es gibt wohl keine Frage, auf die der Mann mit der schwarzen Melone hinter dem Museumstresen keine Antwort wüsste. Für Gruppen ab fünf Besuchern bietet er übrigens Sonderführungen durch seine Räume an.

TIPP Erleben Sie im Balkhauser Kotten am Wupperufer das alte Handwerk des Messerschleifens.

Laurel- & Hardy-Museum, Walder Kotten, Locher Straße 17, 42719 Solingen, Tel. (02 12) 81 61 09
www.laurel-hardy-museum.de
ÖPNV: Bus 682, Haltestelle Spitzwegstraße

Abenteuer Feuermachen

64 *Die Naturschule Aggerbogen in Lohmar*

Die Kinder sind glücklich: Rauch steigt auf, eine kleine Flamme frisst sich durch trockene Holzspäne. „Wir haben Feuer gemacht!", jubeln die Knirpse. Und das ist nur eines der vielen Abenteuer, die es auf dem Gelände der Naturschule Aggerbogen im Lohmarer Ort Wahlscheid (Rhein-Sieg-Kreis) zu erleben gilt. 1993 eingerichtet, ist die Naturschule mit mehr als 12.000 Besuchern im Jahr aus der bergischen Bildungslandschaft längst nicht mehr wegzudenken. Doch nicht nur für dreikäsehohe Naturkundler lohnt sich der Besuch auf dem mehr als 16 Hektar großen Gelände am Ufer der Agger: Für zehn Euro kann dort die ganze Familie eine Wissensrallye unternehmen, die in etwa anderthalb Stunden und einer drei Kilometer langen Runde einmal um das Schulgebäude und mitten durch die Lohmarer Auenlandschaft führt. Diese wurde in den Jahren von 1989 bis 1991 renaturiert, seither steht sie unter Naturschutz. „Nur an den Weihnachtstagen ist hier nichts los", berichtet Dr. Manuela Giannetti, Gründerin und seit dem Beginn Leiterin der Naturschule. Freizeiten, Kurse und Seminare für Kinder sowie feste Gruppen, zum Beispiel die „Öko-Zwerge", die „Aggerfrösche" und die „Naturranger", gehören fest zu den Angeboten, die in den zwölf Ferienwochen eines Jahres sowie in zehn weiteren Wochen für Kinder aus der näheren und weiteren Umgebung eingerichtet werden. Die übrige Zeit gehört den Schulen in den Trägerkommunen der Naturschule – also Lohmar, Troisdorf, Overath und Rösrath. Über das Programm „Kennen – Lernen – Umwelt" bietet die Einrichtung Unterricht jenseits des Klassenzimmers an: „Natürlich können Lehrer Kartoffeln auf Bildern zeigen", sagt Giannetti. „Hier aber können Kinder Kartoffeln anfassen und dann gleich über einem Lagerfeuer rösten." Und das Feuer wird natürlich mit einfachsten Mitteln aus der Natur selbst entfacht.

TIPP *Genießen Sie die Idylle auf Schloss Auel – oder Kaffee und Kuchen.*

Naturschule Aggerbogen, Am Aggerbogen 1, 53797 Lohmar, Tel. (0 22 06) 21 43
www.naturschule-aggerbogen.de
ÖPNV: Bus 557, Haltestelle Wahlscheid/Aueler Hof

Quergedachte Querung

65 Die Waggonbrücke in Heiligenhaus

Ulrich Diehl möchte, dass die Menschen öfter querdenken. Und dass sie weniger kaputt machen, wegwerfen, zersägen, zerschneiden: „Man kann viele Dinge noch einmal verwenden." Im Sommer 2009 hatte der Diplom-Bauingenieur das große Glück, mitten in der Stadt Heiligenhaus (Kreis Mettmann) seiner Philosophie Gestalt geben zu dürfen: Dort spannt sich in einer Höhe von etwas mehr als 4,50 Metern die erste Waggonbrücke über die Bahnhofstraße (Ecke Westfalenstraße/Bundesstraße 227) und schließt eine Lücke in der Trasse der 1967 stillgelegten Niederbergbahn. Darauf windet sich heute der insgesamt fast 40 Kilometer lange „Panoramaradweg Niederbergbahn" durch das Bergische Land. Dieser stellt die Anschlüsse her zwischen dem Ruhrtalradweg bei Essen-Kettwig und der Trasse der Korkenzieherbahn in Solingen.

„Warum sollte man eine Brücke neu bauen und nicht etwas verwenden, das es schon gibt?", fragt der Erbauer, der auf einem Schrottplatz der Deutschen Bahn in Saarlouis jenen ausrangierten Flachwagen von 1979 entdeckt und vor der Zerlegung bewahrt hat. „Mir war sofort klar, dass er Fußgänger und Fahrradfahrer tragen würde. Schließlich hat er in seinem Arbeitsleben schwerste Güter transportiert." Prompt erhielt der Ingenieur den Zuschlag für seine Idee. Das Besondere: Sollte die Brücke einmal abgebrochen werden, könnte der von Grund auf restaurierte Waggon – 20 Meter lang, drei Meter breit, etwa 26 Tonnen schwer – sofort wieder auf die Schiene gesetzt werden. Als Brücke ist er durch seine Achsen ebenso beweglich gelagert wie die Fahrbahn jeder anderen Brücke auch. „Nur an zwei Stellen mussten wir schweißen und ihn fixieren", erinnert sich der Erbauer, der nun davon träumt, einen amerikanischen Kesselwaggon („Die sind viel breiter und höher als die deutschen!") an beiden Seiten zu öffnen und als Tunnel für Fußgänger und Radler zu verbauen. Übrigens: Eine Miniaturnachbildung der Waggonbrücke ist im Hamburger „Miniatur Wunderland" in der Nähe des Bahnhofs Knuffingen zu sehen.

TIPP Besuchen Sie in Heiligenhaus das Museum der Freiwilligen Feuerwehr, Abtskücher Straße 24.

⟳ Waggonbrücke, Bahnhofstraße/Höhe Westfalenstraße (Bundesstraße 227), 42579 Heiligenhaus
⟳ ÖPNV: Bus 770, Haltestelle In der Blume/Stadtmitte

Über dem Aggertal

66 *Der Haldy-Turm in Engelskirchen*

Wann Ründeroth, heute ein Teil der Gemeinde Engelskirchen (Oberbergischer Kreis), erstmals den Namen „Perle des Aggertals" erhielt, ist unklar. Nicht mal die ganz alten Ründerother können sich an die Namensgebung erinnern. Sie stammt wohl aus den frühen 1920er-Jahren, als der Ort an der Agger ein beliebtes Ausflugsziel und eine Sommerfrische war. Aber für alle Ründerother steht fest: Von seiner Schönheit hat ihr Ort bis in die Gegenwart nichts eingebüßt. Als Wahrzeichen Ründeroths gilt seit dem Jahr 1903 der Haldy-Turm. Er krönt die Spitze eines früheren, mehr als 120 Meter hohen Weinbergs und bietet ein Rundumpanorama auf die „Perle des Aggertals". Und er ist das Motiv des „Christkind-Talers" 2016. 92 Stufen führen hinauf zur Spitze. „Der Turm ist ohne Frage eine absolute Besonderheit", schwärmt etwa Christoph Gissinger, Vorsitzender des örtlichen Heimat- und Verschönerungsvereins.

Dabei denkt er an die Geschichte des 18 Meter hohen Bauwerks: Errichtet wurde der Turm mit Spenden der Ründerother, die damit wiederum einem überaus beliebten Landrat des damaligen Kreises Gummersbach, Richard Haldy (Amtszeit: 1885–1899), ein Denkmal setzen wollten, war er doch einer von ihnen. „Ohne Frage ist der Haldy-Turm einer der schönsten Plätze in unserem Ort", findet Gissinger. Doch auch der aufgegebene Weinberg – Gissinger: „Dort wuchs nur saurer Mist!" – ist ein lohnenswertes Ziel, nicht nur für Pflanzenfreunde: Seltene Orchideenarten wachsen heute ebenso an seinen fast 19 Hektar großen Steilhängen wie etwa die Tollkirsche, die Türkenbundlilie und das Gelbe Buschwindröschen. Das Gelände steht unter Naturschutz. Uralt sind dort Eichen und Buchen.

TIPP Sie scheuen kühles Wasser nicht? Schwimmen Sie im Naturfreibad von Engelskirchen-Wallefeld.

Der Aufstieg zum Haldy-Turm ist alles andere als mühselig, zumal es unterhalb einen Parkplatz gibt (Straße „Hohenstein" fürs Navigationsgerät). Und wer nicht dieses Ziel wählt, der hat vom Turm „Hohe Warte" einen ähnlich spektakulären Blick. Dieser Turm steht dem Haldy-Turm auf einer Höhe von rund 360 Metern beinahe genau gegenüber.

● **Haldy-Turm, früherer Weinberg in Ründeroth, 51766 Engelskirchen**
● **ÖPNV: Bus 310, Haltestelle Ründeroth Bf.**

Faszination Weltall

Die leuchtenden Nebel des Orion, die Sternenkette Andromeda, Saturn und Jupiter: Weit hinein ins All reicht der Blick durch den Newton-Reflektor. Und wenn das gigantische Teleskop auf dem Dach der Erlebnis-Sternwarte Neanderhöhe im Erkrather Stadtteil Hochdahl (Kreis Mettmann) gerade nicht auf Mond, Sterne und Planeten gerichtet ist, so nehmen die Fachleute dort vielleicht die Sonne in den Blick. Irmgard Rüffer vom Trägerverein der 1960 eingerichteten Sternwarte ist glücklich, dass ausgerechnet das unfassbare Große, das den Menschen und seine Welt stets umgibt, auch heute noch am wenigsten erforscht ist: „Der Gedanke, dass unser eigener Ursprung im Weltall liegen könnte, fasziniert mich jeden Tag aufs Neue", erklärt sie ihre Leidenschaft für die Astronomie. „Auch stelle ich mir gern vor, dass wir aus Sternenstaub geschaffen sind." Für Thomas Niemann ist dies ebenfalls ein Hobby, „das einfach viel tiefer geht". Ihn fasziniere das Physikalische, das Wirken der Elemente untereinander – bis hin zum Urknall.

450 Mitglieder zählt der Verein, der in der Nachbarschaft zudem ein Planetarium mit Kuppel und Kinosaal sowie ein Schulungszentrum unterhält. Und ein gutes Drittel der Himmelsforscher ist noch keine 25 Jahre alt. „Wir sind besonders für die Jugend da", betont Niemann. Er, Rüffer und andere Vereinskameraden laden von Freitagabend bis Sonntagnachmittag dazu ein, in die Tiefen des Kosmos einzutauchen, in die Teleskope zu blicken und die Fachleute mit Fragen zu löchern. „Wir teilen unsere Begeisterung gern", betont Niemann und verweist zudem auf den prall gefüllten Veranstaltungskalender der Erlebnis-Sternwarte mit Fachvorträgen und live moderierten Veranstaltungen. Auch bietet der Verein einen „Teleskop-Führerschein" an: „Viele Menschen kaufen sich ein Teleskop, stellen es auf und sind enttäuscht", weiß Niemann. Auf der Neanderhöhe könne jeder Sternengucker in wenigen Minuten den Umgang mit der Technik erlernen.

TIPP

Fahren Sie in Hochdahl auch zur Neanderkirche am Neanderweg.

○ Erlebnis-Sternwarte Neanderhöhe, Sternwartenweg 1 (Navigationsgerät: Kopernikusstraße, Ecke Hausmannsweg), 40699 Erkrath, Tel. (0 21 04) 94 76 66, www.snh.nrw
○ ÖPNV: Bus 05, Haltestelle Willbecker Straße

Ausspannen in der Fabrik

 68 *Der Biergarten Elmores in Windeck*

Er sucht eine neue Werkstatt, doch er findet ein ganzes Industriegelände. 1995 hat die britische Metallwarenfabrik Elmores im Windecker Ort Schladern (Rhein-Sieg-Kreis) nach genau 101 Jahren den Betrieb eingestellt, seither sind die Fabrikhallen dem Verfall preisgegeben. „Der perfekte Ort für einen Neubeginn", betont Stefan Steinhausen, einst Zimmermann auf Suche. Heute ist er Gastronom und Gastgeber: 2004 gehört er zur Käufergruppe dieser Industriebrache, und 2007 eröffnet er dort den Biergarten Elmores. „Ich war immer selbstständig, habe einen tollen Beruf und drei Kinder großgezogen – ich wollte wieder etwas wagen", erklärt Steinhausen. Leicht seien die ersten Jahre nicht gewesen. Doch heute ist der Biergarten mit Lounge-Ambiente, Flussterrasse und immer freiem Blick auf den Wasserfall Kult, freie Plätze sind daher ein Glücksfall.

Der Wasserfall übrigens entsteht in der Zeit zwischen 1857 und 1859, indem auf einer Breite von 85 Metern große Felsmassen weggesprengt werden, damit die Sieg einen neuen Weg nehmen und Platz für eine Eisenbahntrasse entstehen kann. 4,50 Meter stürzt das Wasser in die Tiefe. Aber nicht nur Nordrhein-Westfalens größter Wasserfall in idyllischer und geschützter Natur macht den Reiz des urigen Biergartens aus: Reste der Industrie, alte Kräne, Maschinenskelette und skurrile bis obskure Kunst, darunter futuristische Lampenbäume, geben dem Ort eine unbeschreibliche Atmosphäre. „Irgendwie ist das alles gewachsen", sagt Steinhausen. Klein, aber fein ist dort das Angebot an Speisen, donnerstags serviert die mobile Holzofenpizzeria „Die Gurke" Pizzen aller Art, von Freitag bis Sonntag gibt es „Elmores' Zauberspeisen" und das ganze Wochenende über „Tante Tillas Törtchen". Außerdem schiebt stets eine gut gelaunte Stewardess im blauen Dress ihren Servierwagen durch die Tischreihen aus grobem Holz und bietet für kleines Geld Snacks feil, während die üppige Getränkekarte nicht nur Bierliebhaber glücklich macht. Geöffnet ist von April bis Oktober.

TIPP Nebenan ist die Halle kabelmetal mit großem Kulturprogramm – vielleicht ist etwas für Sie dabei?

⊙ **Biergarten Elmores, Schönecker Weg 5, 51570 Windeck, Tel. (01 70) 4 80 22 46**
www.elmores.de
⊙ **ÖPNV: S-Bahn 12 und RE 9, Haltestelle Schladern Bf.**

Zu Fuß in eine andere Welt

69 *Der Märchenwald in Odenthal*

„Ihre Route endet in einem unerreichbaren Gebiet", warnt das Navigationsgerät im Auto. Kein Wunder. Autos haben in Märchen nun mal nichts zu suchen, also geht es zu Fuß den Berg hinauf und dann hinein in eine andere Welt. Da gibt es goldene Kutschen, edle Rösser, Kater in Stiefeln, sprechende Esel und fiese Zwerge. „Rumpelstilzchen!", hallt es aus Kindermündern, prompt öffnen sich Fensterläden, und das seltsame Männlein blickt heraus. Kein Wischen, kein Klicken, kein Starren auf den Bildschirm, sondern Rufen und Schalterdrücken: Der Märchenwald in Odenthal-Altenberg (Rheinisch-Bergischer Kreis) ist herrlich aus der Zeit gefallen, 1931 wurde er von Wilhelm Schneider eröffnet und 2015 saniert. Sprechen gelernt haben die Figuren 1961. An 18 Stationen entlang des zwei Kilometer langen Waldwegs lauschen kleine und große Märchenfreunde heute Geschichten aus vergangenen Zeiten, die vom Rumpelstilzchen ist nur eine davon.

„Die Gänsemagd", „Rotkäppchen", „Hänsel und Gretel", „Hans im Glück", „Max und Moritz", „Rapunzel" und „Der Froschkönig" sind andere un-

TIPP Der Altenberger Dom („Der Bergische Dom") ist nur wenige Schritte entfernt.

sterbliche Märchenklassiker der Autoren Wilhelm Busch und der Gebrüder Grimm, die dort in Dioramen mit manchmal lebensgroßen Figuren und vielen, vielen Details liebevoll und im echten 3-D-Format inszeniert sind. Aber auch die „Heinzelmännchen von Köln" erzählen von ihrem Schicksal. Zudem befinden sich auf dem Gelände ein Wildgehege, ein Streichelzoo und etliche Spielgelegenheiten. Und dann gibt es noch die handbetriebene Wasserorgel in der 1956 eröffneten Gebrüder-Grimm-Halle im Märchenwald-Restaurant. Aber das steht schon viel zu nah am Weg zurück in die Wirklichkeit.

● **Märchenwald Altenberg, Märchenwaldweg 15, 51519 Odenthal-Altenberg, Tel. (0 21 74) 4 04 54**
www.maerchenwald-altenberg.de
● **ÖPNV: Bus 212, Wanderbus 267 (nur an Wochenenden) und Bus 432, Haltestelle Altenberg**

Gang durch Erdzeitalter

 70 *Der Zeittunnel in Wülfrath*

Wer durch die Jahrtausende der Erdgeschichte reisen möchte, der braucht eine warme Decke. Und die verteilen die Hüter des Zeittunnels in Wülfrath (Kreis Mettmann) gern. Auf nur 160 Metern geht es dann ganz tief hinein in die Historie der Erde und ihrer Bewohner, von deren Entstehen vor mehr als 416 Millionen Jahren nur ein leises Blubbern kündet. In sechs Abschnitten erleben die Besucher zu Fuß, wie die Dinosaurier kamen und gingen, wie das Eis schmolz und drastische Landschaften schuf, wie der Mensch jene Flächen betrat, die das tosende Meer des devonischen Zeitalters endlich freigab. „Wir sind hier im größten Abbaugebiet Europas für Kalkstein, das vor etwa 370 Millionen Jahren entstanden ist", erklärt Museumsleiterin Andrea Gellert, die den Aufbau des Zeittunnels als Projekt der Euroga 2002plus von Beginn an begleitet hat.

So birgt der immer kühle Gang den ursprünglichen Zugang zum Bochumer Kalksteinbruch, der seinen Namen dem Eigentümer, eben dem „Bochumer Verein für Bergbau und Gussstahlfabrikation", verdankt. Auf einer Fläche von 16 Hektar wurden dort von 1890 bis 1958 rund 18 Millionen Tonnen Kalkstein abgebaut. Am Ende dieses Zugangs bieten die 50 bis 70 Meter hohen Felswände des Abbaugeländes einen spektakulären Anblick, heute dienen sie Bergsteigern als Kletterfelsen. Rund 10.000 Besucher, so sagt Gellert, genießen jährlich im Zeittunnel den Spaziergang durch die Erdzeitalter. Auf der anderen Seite erwartet sie nicht nur der imposante Blick auf die einst von Menschen geschaffenen Massive, sondern auch ein nahezu märchenhafter Skulpturengarten mit Arbeiten der Bildhauer Elke Voß-Klingler und Claus Klingler. Und wer besonderes Glück hat, der sichtet zudem Fledermäuse oder vielleicht eines der 24 Uhu-Brutpaare, die dort oder in den Tunneln ringsumher Quartier bezogen haben.

TIPP Nehmen Sie im Sommer Platz im Freiluftkino Tunnelflimmern.

 Zeittunnel, Hammerstein 5, 42489 Wülfrath, Tel. (0 20 58) 89 46 44
www.zeittunnel-wuelfrath.de
 ÖPNV: Bus 601, 746 und Schnellbus 69, Haltestelle Ellenbeek/Zeittunnel

Spektakel mit Knalleffekt

 71 *Der Werksverkauf von Weco in Eitorf*

Oft reichen beide Arme nicht, um die Pakete zum Auto zu wuchten. Denn wer hier zugreift, der geht ganz sicher nicht mit einem Päckchen Knallerbsen oder einer Handvoll Wunderkerzen nach Hause. Mehrere Hundert Euro reichen echte Feuerwerkfans über den Tresen, wenn die Firma Weco in Eitorf (Rhein-Sieg-Kreis) an nur drei Tagen im Jahr ihre Pforten für einen Werksverkauf öffnet, nämlich vom 29. bis 31. Dezember. Denn nur an diesen drei Tagen ist der Verkauf von Böllern, Batterien und buntem Lichtspektakel gesetzlich erlaubt, ohne Umweg bringt Europas Marktführer unter den Feuerwerksherstellern dann feurige Ware an den Kunden. Und der clevere Käufer stapelt die großen, rechteckigen Pakete auf einem Rollwagen. Was es kostet, ist den meisten egal – „Hauptsache, Silvester wird spektakulär", heißt es oft.

„Nur 30 Kunden dürfen jeweils auf das Gelände", erklärt Weco-Sprecher Oliver Gerstmeier und berichtet, dass sich erste Feuerwerk-Liebhaber immer schon am Abend zuvor in die Warteschlange vor dem Weco-Hauptsitz einreihen, manchmal seien es dann schon 2000 Kunden, die sich auf ihr Glück allein nicht verlassen wollten. „Seit dem Jahr 2007 sind unsere Verkaufstage ein echtes Event." Hilfe erhält das 1948 in Eitorf gegründete Unternehmen, das heute auch Standorte in Kiel und im sächsischen Freiberg unterhält, dann zum Beispiel von der freiwilligen Feuerwehr, dem Ordnungsamt der Gemeinde und etlichen Sicherheitsdiensten, die den dichten Autoverkehr in Schach halten und die Menschenscharen dirigieren. Ewig lange Wartezeiten nehmen echte Kracherfreunde ebenso gern in Kauf wie eine Winternacht im Freien.

TIPP Besuchen Sie in Eitorf auch das Schloss Merten.

Zwischen 120 und 130 Millionen Euro geben die Deutschen Statistiken zufolge für das Spektakel zum Jahresende aus – auf dem Werksgelände an der Sieg ist schnell klar, wie solche Summen zustande kommen. Professionelles Feuerspiel mit eigener Choreografie, mehr als 200 Explosionen pro Zündung und eine Brenndauer von mindestens drei Minuten – von einem Bouquet spricht da der Fachmann – sind heute ein Muss.

⬤ Weco, Bogestraße 54–56, 53783 Eitorf, Tel. (0 22 43) 88 30, www.weco.de
⬤ ÖPNV: RE 10913, Haltestelle Eitorf Bf.

Futtern wie bei Großmuttern

 „Die Küche" in Wuppertal

„Rübstiel." Monika Fischbach überlegt keine Sekunde. „Rübstiel, das muss man heute lange suchen." Wer sich aber in die Schlange der Hungrigen am Fenster des vielleicht kleinsten Speiselokals in Wuppertal einreiht, der bekommt dort jenes alte Gericht: Die Stiele des Rübsen werden klein geschnitten, mit Kartoffeln und Schweinefleisch vermengt. Futtern wie bei Großmuttern, das ist das Rezept von Monika Fischbach und ihrem Ehemann André, die 1999 in Wuppertal-Kohlfurth „Die Küche" eröffnet haben. Dabei wirkt das kleine Lokal neben dem Zugang zum Bergischen Straßenbahnmuseum erst mal wie ein Kiosk – Eis gibt es dort und Getränke. Aber auch ganze Mahlzeiten gutbürgerlicher Machart für eine Handvoll Euro, alles ist hausgemacht. Hinzu kommen Imbiss-Snacks wie Bratwurst und Frikadelle.

30 Gerichte seien es mindestens, schätzt André Fischbach, der auf wenigen Quadratmetern in den Töpfen rührt, Fleisch und Fisch in den Pfannen wendet. Groß ist die Zahl der Stammkunden, die dort auf Gartenstühlen und unter einer Zeltplane Platz nehmen, denn einen Raum gibt es nicht. Das Angebot wechselt wöchentlich, die kleinen Preise bleiben. „Wir sind uns einig, dass wir sie nur erhöhen, wenn es unbedingt sein muss", betont Monika Fischbach.

 TIPP Halten Sie inne im Brückenpark und schlendern Sie über die Kohlfurther Stahlbrücke nach Solingen.

Dabei war es finanzielles Unglück, das zur Eröffnung dieser ungewöhnlichen Gastronomie führte: „Wir überlegten uns, wie wir aus der Misere herauskommen", erinnert sich die Wuppertalerin. „Natürlich kam uns die Lage am Straßenbahnmuseum zugute." Weder sie noch ihr Mann haben das Kochen gelernt, aber ihre Gerichte kommen an. „Wir öffnen nur von März bis Oktober", sagt die Inhaberin. „Und wenn im März Schnee liegt, dann später." Damit ihre Kunden kulinarisch über den Winter kommen, gibt es nicht nur die Eintöpfe des Paares im Glas für zu Hause: Jeder Mittagstisch wird als Konserve eingekocht, „wie es die Großmutter immer machte".

Die Küche, Kohlfurther Brücke 59, 42349 Wuppertal
www.die-kueche-alles-hausgemacht.de
ÖPNV: City-Express 64, Haltestelle Kohlfurther Brücke

Mit Kraft über die Wupper

 73 *Die Schwebefähre im Müngstener Brückenpark*

Auf einer Fläche von fast 17.000 Quadratmetern erstreckt sich entlang der Wupper in Müngsten der Brückenpark. Dort stoßen die Grenzen der Städte Solingen, Wuppertal und Remscheid aneinander. Und in einer Höhe von 107 Metern spannt sich Deutschlands höchstes Eisenbahnbauwerk, die Müngstener Brücke, über diese Parklandschaft. Entstanden ist sie als Projekt im Strukturförderprogramm „Regionale 2006" des Landes Nordrhein-Westfalen, und die Bewirtschaftung übernommen hat die Solinger Lebenshilfe-Werkstatt für Behinderte. Holger Haarer ist einer der Angestellten dort mit Handicap. Er ist Fährmann: Für Wanderer, Ausflügler und Fahrradfahrer führt dort keine Brücke über die Wupper. Wer also von Solingen nach Remscheid übersetzen will, muss die Muskeln spielen lassen.

Allein die Kraft der Fahrgäste treibt die stählerne Schwebefähre an, jeder muss Hand anlegen und an den Hebeln tüchtig pumpen. „Wir haben Besucher aus aller Welt", sagt Haarer. Und an die Überfahrt einer serbischen Musikgruppe erinnert er sich besonders gern, „weil die so lustig war".

TIPP

Kaufen Sie am Bergischen Kiosk „Wupperschlamm", ein Lebkuchengebäck nach Geheimrezept.

Überhaupt mache ihn die Arbeit in einer Höhe von etwa sechs Metern über dem Wupperwasser glücklich. „Die Stimmung an Bord ist immer gut. Und Kinder gehen sofort an die Arbeit." Die Schwebefähre ist so alt wie der Park. 1897 errichtet wurde dagegen die Eisenbahnbrücke, 465 Meter misst sie in der Länge, mehr als 30 Millionen Euro hat ihre Sanierung jüngst gekostet. Der Gastronomiebetrieb Haus Müngsten mit markanter Fassade aus Cortenstahl und viel Glas, der Bergische Kiosk und eine Minigolfanlage gehören ebenso zu der grünen Attraktion wie der alte Schaltkotten von 1574. Dieser beherbergte eine der vielen Schleifereien vergangener Jahrhunderte, heute versorgt die Technik darin die Anlage mit Strom. Rund 300.000 Menschen besuchen den Müngstener Brückenpark jährlich, um den Blick nach oben zu richten. Doch sollte man auch ein Auge auf die Auenlandschaft haben: Dort ist der seltene Eisvogel heimisch.

● Müngstener Brückenpark, Müngstener Brückenweg 71, 42659 Solingen
www.brueckenpark-muengsten.de
● ÖPNV: S-Bahn 7, Haltestelle Schaberg

Das tägliche Wasser

 74 *An der Großen Dhünntalsperre in Wermelskirchen*

Frisches, reines Trinkwasser, das zu jeder Zeit verfügbar ist – ein Glück, das nicht hoch genug geschätzt werden kann. Wer wissen möchte, woher das Wasser kommt, der steuert zum Beispiel die Große Dhünntalsperre an. Das größte Wasserreservoir des Bergischen Landes liegt im Rheinisch-Bergischen Kreis, zwischen den Städten Wipperfürth und Wermelskirchen sowie den Gemeinden Kürten und Odenthal. 22 Dörfer mussten einst dafür Platz machen. Errichtet wurde die Talsperre in den Jahren zwischen 1975 und 1985, bewirtschaftet wird sie heute durch den Wupperverband. Und der unterhält in Wermelskirchen-Lindscheid ein Informationszentrum – von dort sind es dann nur noch wenige Schritte bis zur 63 Meter hohen und 400 Meter langen Staumauer. Von deren Krone aus zu sehen ist etwa der sogenannte Rohwasser-Entnahmeturm: Dieser dient der Kontrolle des Trinkwassers und damit zum Erhalt von dessen Qualität.

81 Millionen Kubikmeter Wasser fasst die Talsperre, unter fast 360 Anlagen dieser Art bundesweit ist sie ein Wasserspeicher mittlerer Größe.

TIPP *Genießen Sie im Hotel Maria in der Aue (In der Aue 1) bergische Küchenklassiker.*

Deutschlands größte Talsperre ist die Bleilochtalsperre im Saale-Orla-Kreis, Thüringen, mit einer Staumenge von 215 Millionen Kubikmetern. Wassersport, Schwimmen und auch das Angeln sind an der Großen Dhünntalsperre verboten, auch ist nicht jedes Ufer zugänglich. Es sind vor allem der Ausblick von der Staumauer und die Natur ringsumher, die Besucher locken. So bevölkern rund 80 verschiedene Vogelarten die Wälder, etwa 20 davon stehen auf der Roten Liste der bedrohten Arten. Der Wupperverband bietet geführte Touren an (nach Anmeldung) und hat zudem eine Vielzahl von Wanderstrecken ausgewiesen: Die längste misst 40 Kilometer und führt um die Große Dhünntalsperre herum.

Große Dhünntalsperre, Informationszentrum Wupperverband, Lindscheid 17, 42929 Wermelskirchen, Tel. (0 21 93) 51 18 15, www.wupperverband.de

Wünsche aus aller Welt

 75 *Das Christkindpostamt in Engelskirchen*

Einmal im Jahr, immer im Advent, ist das Christkind Untermieter im ehemaligen Fabrik- und Kraftwerkkomplex Ermen und Engels, in dem heute ein Industriemuseum und auch das Rathaus der Gemeinde Engelskirchen (Oberbergischer Kreis) untergebracht sind. In einem alten Baumwollspeicher eröffnete die Deutsche Post im Jahr 1985 das Christkindpostamt, 2016 zog es um in die Alte Baumwollspinnerei. Dort treffen Briefe mit Wunschzetteln aus aller Welt ein: Mehr als 150.000 Briefe aus mehr als 50 Ländern dieser Welt erreichen nach Angaben des Unternehmens jährlich das himmlische Postamt, abgeschickt oft schon im Spätherbst. Himmlische Poststationen gibt es überdies in Himmelspfort (Brandenburg), Himmelstadt (Bayern) oder auch in Sankt Nikolaus (Saarland), die älteste besteht seit 1967 in Himmelsthür bei Hildesheim.

Die beliebteste Adresse aber hat das Christkind eben in Engelskirchen. Und dort dürfen glückliche Kinder ihre Weihnachtswünsche dem Christkind sogar persönlich zuflüstern oder auf – meist in allerfeinster Sonntagsschrift verfassten – Wunschzetteln übergeben, wenn der Weihnachtsbote immer am dritten Adventssonntag im Oberbergischen landet. Die Frage nach dem Bravsein wird meist prompt mit heftigem Nicken beantwortet, danach fallen oft die Namen von Spielsachen, an deren Aussprache Erwachsene scheitern. Eine E-Mail-Adresse hat das Christkind, so die Deutsche Post, aus pädagogischen Gründen übrigens nicht.

TIPP *Essen Sie auf dem Engelskirchener Weihnachtsmarkt unbedingt bei der Feuerwehr eine hausgemachte Bratwurst.*

Zudem bearbeiten in den geschmückten Räumen des Postamts zehn Mitarbeiter die Briefstapel und Päckchentürme, schließlich soll jeder Absender eine Antwort erhalten. Dabei werden besonders persönliche Worte ebenso persönlich beantwortet, und das in mehreren Sprachen. An der Spitze liegt Asien mit China, Taiwan und Hongkong, aber auch die Zahl der deutschen Zuschriften übertrifft die 100.000er-Grenze bei Weitem. Hinter Glas ruht dort derweil der erste Wunschzettel, der jemals bei der Post angekommen ist: „Rote Haarschleifen, ein Bleistift mit Feder und ein Märchenbuch" heißt es auf dem Papier von 1917.

○ **Christkindpostamt, Altes Baumwolllager, Engels-Platz 2, 51766 Engelskirchen,**
geöffnet am dritten Adventswochenende, Fr. 15–18, Sa.–So. 13–18.30 Uhr, www.deutschepost.de
○ **ÖPNV: RB 25, Haltestelle Engelskirchen Bf.**

An das
Christkind
51777 Engelskirchen

Eine rauschende Tour

 76 *Der Wuppertrail in Radevormwald*

Ulrich Grotstollen schwenkt die weiß-rote Fahne. Bremsen heißt das. Fuß also aufs Pedal, aber nicht durchtreten. Stotterbremse ist angesagt: So funktioniere das „Bio-ABS" am besten, hat Grotstollen vor der Abfahrt gesagt, als alle gemeinsam üben, wie man so eine Draisine aus Stahl sicher zum Stehen bringt. Denn zehn bis zwölf Meter Abstand sollen zwischen den Schienenfahrzeugen immer sein. Sieben sind es diesmal, die im Tross und auf dem Gleisstrang am stillgelegten Bahnhof von Dahlhausen in Radevormwald (Oberbergischer Kreis) zur rauschend-rhythmischen Tour losrollen: 16 Kilometer gilt es, immer entlang der Wupper, zwischen der Wuppertalsperre bei Wilhelmsthal und dem Stausee von Wuppertal-Beyenburg, zurückzulegen, sieben Brücken zu überqueren und die wundervolle Natur zu genießen. Doch kein Pumpen an Hebeln treibt die Draisine an: Das Fahrzeug will getreten werden. Auf Fahrradsatteln sitzen zwei oder drei Piloten, die in die Pedale steigen. Das geht ganz leicht, vor allem auf den ersten Kilometern. 1979 rollten die letzten Personenzüge auf diesem Eisenweg, die letzten Güter wurden dort 1989 bewegt. Heute sind es die Vereine Wuppertrail und Wupperschiene, die mit ihren Ehrenamtlern seit dem Jahr 2009 die Strecke in Schuss halten – in oft mühseliger Handarbeit.

TIPP Für Eisenbahnenthusiasten bieten sich auf dem Bahnhofsgelände in Dahlhausen etliche Fotomotive.

Ulrich Grotstollen leitet und sichert zudem solche Fahrten. An jeder Kreuzung mit einer Straße muss die Kolonne halten. Grotstollen kennt den Trail wie seine Westentasche, reich ist sein Wissen, zum Beispiel zur riesigen, aber heute stillgelegten Textilfabrik Wülfing in Dahlerau, „die war damals eine Stadt für sich". Mitstrampeln auf einer solchen Draisine kann, wer Kraft in den Beinen hat, ein Supersportler muss indes keiner sein. Gute drei Stunden dauert die Fahrt – die Beine sind müde, der Allerwerteste schmerzt gehörig. „Wir hoffen, dass wir über ein europäisches Förderprogramm bequemere Draisinen anschaffen können", sagt Grotstollen. Und endlich kommt der Bahnhof von Dahlhausen wieder in Sicht, was für ein Glücksmoment.

Wuppertrail, Bahnhof Dahlhausen, 42477 Radevormwald, Tel. (01 76) 47 54 60 82
www.wuppertrail.de
ÖPNV: Bus 626, Haltestelle Dahlhausen Brücke (Dahlerau)

Ein magischer Ort

 77 *Der Freizeitpark Hexenbusch*

Simon kann noch höher. Wieder und wieder holt der Sechsjährige Schwung, an diesem Nachmittag gehört ihm die Schaukel im Freizeitpark Hexenbusch ganz allein. Auch die 30 Meter lange Seilbahn ist in Bewegung, ansonsten ist es ungewohnt ruhig auf dem fast 15.000 Quadratmeter großen Spielplatz und Parkgelände mitten im Stadtzentrum von Gummersbach (Oberbergischer Kreis). Dort tummeln sich kleine und große Kinder oft in Scharen, die grüne Oase im Rücken des Rathauses ist beliebt – ein nahezu magischer Ort für den Nachwuchs der Kreisstadt.

Das war nicht immer so. 1975 etwa schien das Ende des damaligen Stadtparks besiegelt: Verwildert war er, marode die wenigen Spielgeräte – hätte sich da nicht ein Verein gegründet und sich für dessen Erhalt eingesetzt. Den Verein gibt es noch heute. Und die Grünanlage auch. Jener Verein, heute mehr als 450 Mitglieder stark, gab ihr den Namen Freizeitpark Hexenbusch und erinnerte damit an eine alte Gruselgeschichte: So soll vor ungezählten Jahren, als Gummersbach noch ein Bauerndorf war und der Park ein dichter Forst, dort eine

TIPP Brechen Sie auf zum Shoppen im Forum, Gummersbachs 2015 eröffnetem Einkaufstempel.

bitterböse Hexe gehaust und viel Leid über die Menschen gebracht haben. Bis eines Tages drei junge, kräftige und vor allem mutige Kerle zupackten, die Hexe schnappten, fesselten und bis auf ein paar Aschekrümel verbrennen ließen, nachdem ein Blitz in eine nahe Eiche eingeschlagen war.

An dieses Märchen von anno dazumal erinnern heute nicht mal mehr die Skulpturen, die verstreut im Grünen stehen: Die Hexenfiguren scheinen freundlich gestimmt. Werke wie diese stammen aus der Werkstatt des Bildhauers Waldemar Wien (1927–1994) aus Kierspe. Und der Hexenbusch ist heute ein freundlicher Platz mit vielen Spielgeräten, Sitzbänken und Springbrunnen. Klar, dass Simon besonders glücklich ist, wenn er dort so lange schaukeln kann.

> ⊙ **Freizeitpark Hexenbusch, Parkstraße, 51643 Gummersbach,**
> **Tel. (0 22 61) 2 90 90 (Trägerverein), www.hexenbusch.de**
> ⊙ **ÖPNV: RB 25, Haltestelle Gummersbach Bf.**

Dem Federvieh gewidmet

78 *Das Geflügelmuseum in Much*

Das gleich vorweg: Wer wissen möchte, ob die Henne zuerst da war oder das Ei, der wird auch hier keine Antwort auf diese Frage finden. Dafür bleibt im Rheinischen Museum für Rassegeflügelkunde in der Mucher Ortschaft Marienfeld (Rhein-Sieg-Kreis) bestimmt keine andere Frage unbeantwortet. 2009 hat der Landesverband Rheinischer Rassegeflügelzüchter diesen Schauplatz eingerichtet und damit vielleicht eines der kuriosesten und skurrilsten Museen im Bergischen Land eröffnet. Mehr als 5000 Exponate haben die Züchter in einem früheren Sägewerk zusammengetragen. Und dort geht es nicht ums Huhn allein: Die Taube gilt ebenso als Rassegeflügel wie die Ente und die Gans.

Archivar Dieter Hamacher ist der Mann mit dem Überblick, er kennt die Geschichte(n) der Stücke. In den Jahren zwischen 1900 und 1910 gebaut wurde etwa ein sehr fortschrittlicher Brutkasten, dessen Aussehen eher an eine Wäschetrommel erinnert: „37 Grad Celsius, das ist die perfekte Temperatur", erklärt Hamacher. „21 Tag lang ruht das Ei in diesem Kasten, bis sich ein flauschiges Küken seinen Weg in die Welt pickt und die Schale zerbricht." Auf die Gründungszeit des Landesverbandes um 1886 datieren derweil die ältesten Stücke der Sammlung, darunter ein Zuchtdiplom für einen Herrn Nathusius aus Althaldensleben von 1891. Kitsch, Kunst und Co. gibt es zudem reichlich, aber auch Geräte aus der Landwirtschaft. „Zum Glück wissen die meisten Kinder,

TIPP Interessiert Sie das Leben in alter Zeit, besuchen Sie auch das Bauern- und Technikmuseum in Berzbach.

dass ein Ei nicht nur aus dem Supermarkt kommt", freut sich Hamacher. Aus seiner eigenen Sammlung stammen fragile Schmuckstücke: Vor allem aus Tschechien hat Hamacher bunt bemalte Eier mitgebracht, in deren Schale aufwendige Muster eingekratzt sind. Geöffnet ist das Museum immer am ersten Sonntag eines Monats von Mai bis September, doch können Besuche an anderen Tagen vereinbart werden.

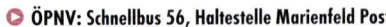

Rheinisches Museum für Rassegeflügelkunde, Werschtalstraße 27, 53804 Much, Terminabsprachen: Vera Spix, Tel. (0 22 74) 63 06, oder Dieter Hamacher, Tel. (0 22 44) 9 01 53 77
www.lvrr.de
ÖPNV: Schnellbus 56, Haltestelle Marienfeld Post

Gesundes aus der Flasche

 Die Saftkelterei Weber in Nümbrecht

Apfel um Apfel kullert auf die Waage, danach plumpsen die Früchte ins Wasserbad und tanzen mit dem Strom. Doch dann ist Schluss mit dem runden Dasein: Mit dem Aufzug geht es hinauf in die Presse, und prompt sind die Äpfel platt. Und während der Saft in Strömen fließt, fliegt der braune Fruchtfleischbrei auf einen Anhänger – über fruchtiges Futter freut sich später das Vieh auf den Bauernhöfen ringsum. Rund 900.000 Liter Apfelsaft kann Klaus Weber in den riesigen, glänzenden Tanks seiner Kelterei lagern, zwischen 800.000 und 900.000 Mehrwegflaschen verlassen die Hallen des Fruchtsaftherstellers im Nümbrechter Weiler Lindscheid (Oberbergischer Kreis). Seit 1936 werden dort Äpfel und auch Birnen von Wiesen und aus Gärten in der Region verarbeitet: Webers Großvater galt einst als der älteste Süßmoster im Bergischen Land, sein Vater dann als der jüngste. Seit 1990 lebt der Getränketechnologe Klaus Weber allein von seinen Produkten. Mehr als 100 bisweilen sehr alte Apfelsorten gibt es im Bergischen Land, sie tragen Namen wie Rheinisches Seidenhemdchen, Weißer Winterglockenapfel, Zuccalmaglios Renette und Rheinische Schafsnase.

TIPP *Verlassen Sie die Kelterei Weber nicht ohne „Apfelperle", den hauseigenen Apfelsecco, im Gepäck.*

„Apfelsaft zu trinken, ist ein Glück, weil man sich auf einfachem Weg sehr gesund ernähren kann", philosophiert der Firmenchef. Im Frühherbst beginnt meist die Produktion, oftmals stehen die Fahrzeuge der Anlieferer in langen Schlangen quer durch den kleinen Ort im Homburger Ländchen. Sie bekommen Geld für ihre Äpfel – oder im Tauschgeschäft auch Saft. Den Kurs bestimmt jeweils die Ernte. „Einem guten Apfeljahr folgt immer ein schlechtes", zitiert Weber eine natürliche Faustregel. Er vermarktet seine Säfte unter dem Etikett „bergisch pur" und ist als Apfelbeobachter das ganze Jahr über unterwegs. Dann zückt er ein seltsames Sehrohr und richtet es auf Obstbäume in der Region: Mit einer bestimmten Formel lasse sich dann tatsächlich berechnen, ob das Jahr eine schöne Ernte abwerfe, erklärt der Experte, der seine Produkte in einem Laden auf dem Kelereigelände verkauft.

● **Fruchtsaftkelterei Weber, Lindscheid 1, 51588 Nümbrecht, Tel. (0 22 93) 72 08**
www.webersaft.de

Ein Hort der Kultur

 Die Wasserburg Haus zum Haus in Ratingen

Ein Schild fordert dazu auf, unbedingt das Tor zum Burghof zu schließen. Denn Familie Pfau hat Nachwuchs. Noch unbeholfen und im unscheinbar braunen Federkleid tummeln sich die Küken um ihre Mutter, die wachsam um sich blickt und auch den Besucher nicht aus den Augen lässt. Ansonsten ist es ruhig im Hof der Wasserburg Haus zum Haus. Im Norden Ratingens (Kreis Mettmann), hinter den belebten Straßen der Stadt, trotzt diese von Weiden und Wassergräben umgebene kleine Festung der modernen Wohnbebauung. Eine Holzbrücke führt auf das Gelände, auf dem schon im neunten Jahrhundert eine erste Wehranlage stand. Dort, am Angerufer, kreuzten sich im Mittelalter zwei wichtige Handelswege. Die Anfänge der Wasserburg Haus zum Haus in ihrer heutigen Gestalt mit dem fast 20 Meter hohen Turm gehen auf das Jahr 1276 zurück. Und obwohl sie in privatem Besitz ist, steht sie tagsüber Besuchern offen. Auch ein Restaurant befindet sich in dem Gemäuer, dem die Ratinger Familie „Zum Haus" den Namen gab. Johann zum Haus war es, der – nachdem er 1447 zum Marschall des Herzogtums Berg ernannt worden war – den Wohnsitz deutlich ausbaute. In jener Zeit bezeichnete das Wort „Haus" auch ein wehrhaftes Gebäude. Rund 1,60 Meter messen die Reste der einst schützenden Ringmauer an ihrer stärksten Stelle.

TIPP *Lassen Sie die Seele baumeln im Erholungspark Volkardey, genießen Sie den Blick auf den Grünen See.*

Dass dieses Schmuckstück so gut erhalten ist, darf als großes Glück gelten, war es in seiner wechselhaften Geschichte doch mehrfach dem Verfall preisgegeben, bis es 1972 in den Besitz der Stadt Ratingen gelangte. 1973 übernahm der Architekt Bruno Lambart die Anlage in Erbpacht und ließ sie aufwendig sanieren. Bis heute gehört die Burg Haus zum Haus der Familie Lambart, die dort 2003 eine Stiftung gründete und die Anlage zu einem Hort für Kunst und Kultur erklärte. Einen Konzertsaal beherbergen die Mauern ebenfalls. Vor allem Nachwuchsmusiker dürfen hier auftreten.

○ Wasserburg Haus zum Haus, Haus zum Haus 10, 40878 Ratingen, Tel. (0 21 02) 99 24 17 (Kulturstiftung), www.wasserburg-zum-haus.de
○ ÖPNV: O15, Haltestelle Friedhofstraße, Bus 760, Haltestelle Angerbad

Nach der letzten Schicht

81 *Die Textilfabrik Wülfing in Radevormwald*

Einst erstreckte sich am Dahlerauer Wupperufer nicht nur ein Fabrikgelände: Wohnhäuser, ein Kindergarten, eine Schule, ein Lebensmittelgeschäft, ein Elektrizitätswerk und eine Kirche machten die Produktionsstätte für Textilwaren im schmalen Tal zu einer richtigen Kleinstadt. Zuvor in der damaligen Stadt Lennep von Gottfried Wülfing (1651–1721) als Handel gegründet, verlegten die Brüder Johann Arnold (1778–1824) und Johann Engelbert Hardt (1783–1850) als spätere Nachfolger das Geschäft im Jahr 1816 nach Dahlerau und gründeten die Fabrik unter dem Namen „Johann Wülfing & Sohn". Das Wasser der Wupper nutzten sie, um die mechanischen Spinnmaschinen in Gang zu setzen. Und von Beginn an bewiesen die beiden Unternehmer sowohl sozialen als auch wirtschaftlichen Weitblick. Heute ist Dahlerau ein Teil der Stadt Radevormwald (Oberbergischer Kreis) und die Textilfabrik Wülfing ein großes Stück örtlicher Historie. Rund 1000 Menschen hatten in Spitzenzeiten dort ihren Arbeitsplatz: Wülfing war eine Marke mit Weltruf – 3,4 Millionen Meter Stoff verließen 1990 die Hallen in Dahlerau, der Rekord in der Firmengeschichte.

TIPP *Radevormwald ist eine der ältesten Städte im Bergischen Land, besuchen Sie die neu gestaltete Innenstadt.*

1996 aber beendeten die Arbeiter ihre letzte Schicht, verloren war der Konkurrenzkampf auf dem internationalen Markt. Ein Glück, dass sich die treuen Beschäftigten mit diesem Ende nicht abfinden wollten: Schon 1997 gründeten sie den Trägerverein des heutigen Industriemuseums, in dem jeder Raum so wirkt, als kehrten Weber und Tuchmacher jeden Moment an ihre Arbeitsplätze zurück. Alles ist original, und tatsächlich ist die auf Hochglanz polierte und 500 PS starke Dampfmaschine von 1891 in der prächtigen Maschinenhalle noch immer einsatzbereit – ebenso die Webstühle, die bei Führungen in Bewegung zu erleben sind. Aus der Musterweberei stammen die Tuche, die im Museumsshop zu haben sind.

Wülfing-Museum, Am Graben 4–6, 42477 Radevormwald, Tel. (0 21 91) 6 92 28 51
www.wuelfing-museum.de
ÖPNV: Bus 626, Haltestelle Dahlerau/Bahnhof

Schneelandschaft mit Weitblick

 82 *Wintersport auf dem Blockhaus*

Blockhaus ist nicht nur eine der 106 Ortschaften in Reichshof (Oberbergischer Kreis), sondern auch der Hausberg der Gemeinde, die mit einem weitläufigen Wintersportgebiet aufwarten kann. Sieben Loipen und eine Fernloipe mit einer Länge von 15 Kilometern locken Wintersportfreunde in den Süden des Oberbergischen Kreises, bis in die Bergneustädter Belmicke reicht das Loipengelände. Alte Fotos zeigen, dass dort schon in den 1920er-Jahren eifrig dem Wintersport gefrönt wurde, auch wurde dort in jenen Jahren sogar eine Sprungschanze gebaut. Diese steht indes nicht mehr. Und wer sich heute nicht auf Skiern fortbewegt, der stürzt sich vielleicht auf einem Schlitten die weißen Hänge hinab. Denn wenn es im Bergischen schneit, dann dort. „Trotzdem geht es hier immer sehr familiär zu", betont Katja Wonneberger, die Leiterin der Reichshofer Kurverwaltung. Fällt reichlich Schnee, rücken unzählige Ehrenamtler aus und spuren die Loipen. Dorfgemeinschaften, Sportklubs und Ortsvereine setzen Schlepp- und Sessellifte in Gang, die Interessengemeinschaft „Altes Handwerk" öffnet eine Imbissbude und schenkt

TIPP *Der 5,5 Kilometer lange Wacholderweg lohnt sich – Start: Wanderparkplatz Landwehrstraße, Eckenhagen.*

Glühwein aus einem Kupferkessel hinter einem Lagerfeuer aus, während die freiwillige Feuerwehr den Ausflugsverkehr zu den mehr als 650 Parkplätzen dirigiert. Skier und Schlitten können dort an verschiedenen Stellen ausgeliehen werden. Unter der Rufnummer (0 22 65) 3 45 meldet sich das Schneetelefon und gibt Auskunft, ob sich die Anreise zum rund 500 Meter hohen Blockhaus lohnt. Höher ist nur die benachbarte Silberkuhle in Hespert mit 515 Metern. Die Blockhaus-Hänge sind Kult, auch weil die Aussicht ein Erlebnis ist, und das nicht nur im Winter: „Schorchs Panoramahütte" ist an Wochenenden das ganze Jahr über geöffnet und im Sommer ein beliebter Treffpunkt für Motorradfahrer. Im Winter zieht eine 200 Meter lange Seilbahn glückliche Skifahrer und Schlittenpiloten in die Höhe.

> **Wintersportgebiet Blockhaus, Blockhausstraße, 51580 Reichshof,**
> **Tel. (0 22 65) 470 (Kurverwaltung Reichshof), www.wintersport-im-bergischen.de**
> **ÖPNV: Bus 303, 321 und 322, Haltestelle Reichshof, Eckenhagen**

Ein Leben mit anderem Takt

83 Der Eichhof in Much

Auf dem Eichhof hat das Leben seinen eigenen Takt. Von Hektik fehlt jede Spur, nahezu gemächlich geht der Alltag dort seinen Gang. Und doch ist diese 1996 gegründete Lebensgemeinschaft im Süden der Gemeinde Much (Rhein-Sieg-Kreis) höchst produktiv: Auf dem mehr als elf Hektar großen Gelände befinden sich sechs Werkstätten, eine Großküche, ein Landwirtschaftsbetrieb und der Hofladen mit eigenem Bio-Café. 151 Menschen mit Behinderung haben dort ihren Arbeitsplatz, 125 der Beschäftigten wohnen zudem in elf Häusern auf dem Eichhof, der heute als jüngster Ort der bergischen Gemeinde gilt. „Wir freuen uns jederzeit über Besuch", betont Geschäftsführer Georg Rothmann und lädt dazu ein, auf der Sonnenterrasse am Bio-Café Platz zu nehmen, in den Regalreihen des Ladens zu stöbern oder auch die Konzerte und Theateraufführungen im „Haus der Begegnung" zu besuchen. Informationen dazu liefern der Veranstaltungskalender im Internet und der Newsletter. Feste und überaus beliebte Termine sind das Sommerfest im Juni und der Martinsmarkt im Herbst. Auch ein Orchester gibt es, und seit dem Jahr 2014 kürt die Lebensgemeinschaft immer ein Dreigestirn für die tollen Tage im Karneval.

TIPP *Lassen Sie sich nieder im Biergarten der Bauernschänke im Nachbarort Bröleck, Felderhoferbrücke 10.*

Gegründet wurde der Eichhof einst von einer Schar engagierter Eltern, die ihre Kinder mit Behinderung nicht in Heimen abliefern wollten. Hier sollten junge Menschen die Chance erhalten, ein weitestgehend selbstbestimmtes Leben zu führen, einer Arbeit nachzugehen, in einer eigenen Wohnung zu leben und damit auch das persönliche Glück zu finden und Anerkennung zu erfahren. Heute helfen ihnen mehr als 200 Betreuer dabei. Und längst hat der Hofladen einen großen Kreis von Stammkunden, auch sind die Waren aus den Werkstätten im Internet zu haben. Die Engelskerze aus der Kerzenmanufaktur ist ein Klassiker im Angebot, der Zieh-Dackel „Bodo" und das Schaukelpferd für Kinder aus der Schreinerei sind andere Renner. Und die Eichhof-Kekse sind einfach ein Muss bei jedem Besuch.

● Lebensgemeinschaft Eichhof, Eichhof 8, 53804 Much, Tel. (0 22 95) 9 20 20
www.eichhof.org
● ÖPNV: Bus 530, Haltestelle Ruppichteroth-Bröleck

Piste mit Fahrspaß

 Der Go-Kart-Ring Oberberg in Reichshof

Schwarze Striemen zieren den Asphalt. In der Ferne erschallt ein Brummen, das schnell näher kommt. Und schon rasen die Karts mit knatternden Motoren durch den Start- und Zielbogen vor der Zuschauertribüne. Fast 1000 Meter misst die Strecke des 1965 eröffneten Go-Kart-Rings Oberberg in der Reichshofer Ortschaft Hahn (Oberbergischer Kreis) – so lange Pisten gibt es selten in Deutschland, die meisten enden bei rund 600 Metern. Und nicht nur das: „Bei uns geht es auch noch auf und ab", sagt Geschäftsführerin Steffi Wirths mit Blick auf die Berg- und Talstücke, die den Kartpiloten unterwegs eine besonderen Fahrspaß und Glücksgefühle versprechen. 1975 hat ihr Vater Kurt (1934–2013) die kurvenreiche Rennstrecke in idyllischer Lage mit viel Fernblick erworben, saniert und erweitert. Im Motorsport war er kein Unbekannter: Viermal stieg er als Landesmeister aufs Siegerpodest, für die Deutsche Kart-Nationalmannschaft ging Wirths ebenfalls an den Start. Einmal im Jahr, meist im August, wird in Hahn der Kurt-Wirths-Gedächtnis-Pokal ausgelobt. Und dann tritt auch Gernot Stöcker aus Lindlar mit seinem Team an:

TIPP *Überqueren Sie die Landesgrenze und erkunden Sie in Friesenhagen das Wasserschloss Crottorf.*

Die Sportler vom Klassik-Kart-Klub Deutschland steigen ausschließlich auf historische Karts, die spätestens in den 1970er-, meist aber in den 1960er-Jahren gebaut wurden und ein luftigeres Fahrgefühl mitbringen: „Da fehlen nämlich sämtliche Verkleidungen aus Kunststoff, die ein Go-Kart heute hat", erklärt der Fachmann, der ebenfalls für Touren auf dem Go-Kart-Ring Oberberg schwärmt, „weil diese Strecke aufgrund ihrer Herausforderungen etwas ganz Besonderes ist". Ziel des eigenen Vereins sei es übrigens, die alte Karttechnik davor zu bewahren, unter die Räder zu kommen.

Die Rennsaison auf der Kartstrecke dauert von März bis Oktober, je nach Wetterlage auch bis November. Fahren kann jeder, der mindestens acht Jahre alt ist. Karts in verschiedenen Größen stehen bereit. Und auch einen Zwillingskart gibt es dort. Gefahren wird von Freitag bis Sonntag sowie an Feiertagen und täglich während der Ferien.

● **Kartring Oberberg, Halbhustener Weg, 51580 Reichshof, Tel. (0 22 97) 74 75**
www.kartring-oberberg.de

Uriger geht's nicht

Die Krahmer Scheune in Nümbrecht

Lang sind die Tische und Bänke, gezimmert sind sie aus grobem Eichenholz. Wer Platz nimmt, kommt mit dem Nachbarn ins Gespräch. Immer. Uriger könnte eine Gaststätte kaum sein: Die „Krahmer Scheune" im winzigen Nümbrechter Weiler Krahm (Oberbergischer Kreis) ist keine auf Hochglanz polierte Schankwirtschaft, auch ein Tresen fehlt. Wann das Gemäuer errichtet wurde, das weiß niemand. Doch dürfte es vor 1900 gebaut worden sein. Und bestimmt ist es das älteste in dem Ort, der 1449 seine erste urkundliche Erwähnung fand. Im Jahr 2009 als Gaststube eröffnet, hat sich der eher unscheinbare, von viel Grün umgebene Backsteinbau inmitten des Ortes mit heute 69 Einwohnern zu einem echten Geheimtipp gemausert. Längst kommen die Gäste nicht mehr nur aus der Nachbarschaft oder den umliegenden Dörfern Nümbrechts. Ausflügler und Wanderer haben die „Krahmer Scheune" ebenso entdeckt. Und das freut Inhaberin Christel Schellenberg: „Wenn Menschen ins Gespräch kommen, macht mich das glücklich."

TIPP *Besuchen Sie auch Marienberghausen mit der „Bunten Kirche" - dort ist der Teufel an die Wand gemalt.*

Dabei ist die jüngere Geschichte der „Krahmer Scheune" eine sehr traurige: Mit dem Lokal hatten sich die früheren Steuerberater Christel und Dietmar Schellenberg (1942–2009) einen Traum erfüllt – weil sie die Gastronomie liebten, weil sie auch im Alter aktiv sein wollten. Doch Ehemann Dietmar starb nur vier Monate nach der Eröffnung. „Weil er sich das alles so sehr gewünscht hat, machen wir weiter", sagt Christel Schellenberg, die auf die Unterstützung ihrer erwachsenen Kinder Meike, Markus, Andreas und Steffi bauen kann. Jedoch macht die Gastgeberin keinen Hehl daraus, dass der gastronomische Erfolg auch eine Last sein kann, dass die „Krahmer Scheune" vielleicht bald schon Geschichte ist. Deswegen hat sie bereits die Öffnungszeiten ebenso reduziert wie das Angebot an kleinen, aber stets hausgemachten Speisen. Sonntags werden nur Kuchen und Waffeln serviert. Und eine Anmeldung vor dem Besuch der „Krahmer Scheune" ist unbedingt erforderlich.

◉ **Krahmer Scheune, Krahm 9, 51588 Nümbrecht,**
Reservierung unter Tel. (0 22 62) 62 20 oder (01 51) 40 33 14 00
www.krahmer-scheune.de.tl

Grünes Juwel im Ballungsraum

86 *Die Wahner Heide bei Rösrath*

Vier Portale bieten Zugänge zur Wahner Heide, dem zweitgrößten und artenreichsten Naturschutzgebiet Nordrhein-Westfalens im Ballungsraum zwischen Köln und Bonn. Sie schaffen Übergänge vom Urbanen in die Natur. Im Bergischen Land beheimatet sind der Turmhof in Rösrath-Stümpen und das Forsthaus Steinhaus in Bergisch Gladbach (beides Rheinisch-Bergischer Kreis), die anderen Zugänge befinden sich an der Burg Wissem in Troisdorf (Rhein-Sieg-Kreis) und auf Gut Leidenhausen (Köln-Porz). An jedem dieser Standorte erfahren Besucher Wissenswertes für ihren weiteren Weg durch das etwa 47 Quadratkilometer große Heideland, das seit 1931 unter Schutz steht. Eine Wanderung sollte also dort beginnen. Auf dem Gelände des Rösrather Heidezentrums Turmhof, eröffnet im Mai 2012, gibt es zudem einen Laden mit Heideprodukten.

Rund 700 gefährdete Tier- und Pflanzenarten, so schätzen die Experten, haben ihren Platz in der Wahner Heide. Nahezu einzigartig ist ihre Vielfalt an Biotopen: Feuchten Borstgrasrasen und Bruchwälder gibt es ebenso wie Binnendünen, Besenheiden, Sandmagerrasen, Silbergrasflure und Heidemoore. Auch der Flughafen Köln/Bonn ist ein Teil der Wahner Heide. Für deren Pflege zuständig sind Ziegen und Wasserbüffel, die allerdings oft ihre Standorte wechseln. Nahezu bizarr ist, dass ein großer Teil der Heide in vergangenen Jahrzehnten (und auch heute noch) militärisches Sperrgebiet war (und aus Sicherheitsgründen noch ist). 1874 errichtete das preußische Militär dort Truppen- und Manöverübungsstätten, vor dem Zweiten Weltkrieg baute die deutsche Luftwaffe dort einen Fliegerhorst. 1945 übernahm die Royal Air Force Großbritanniens dieses Kasernengelände und baute es aus. Recherchen der örtlichen Presse haben ergeben, dass das amerikanische Militär in den 1960er-Jahren dort offenbar Atomsprengköpfe lagerte. Noch bis zum Jahr 2004 pflügten schwere Panzer bei Übungen durch die Natur. Ein Glück, dass dies alles Vergangenheit ist.

TIPP

Burg Wissem (Troisdorf) beherbergt Europas einziges Museum für Bilderbuchkunst und Jugendbuchillustration.

○ Heidezentrum Turmhof, Kammerbroich 67, 51503 Rösrath, Tel. (0 22 05) 9 47 78 00
www.turmhof.net
○ ÖPNV: Bus 424, Haltestelle Rösrath, Schmiedeweg

Tuffi und Kaiser Wilhelm II.

 87 *Die Wuppertaler Schwebebahn*

Sie rumpelt und rattert, schaukelt und schwingt. Wer nur Straßenbahn kennt, muss sich an die Schwebebahn erst gewöhnen. Doch wer in Wuppertal nicht einmal in einen Zug der am 1. März 1901 eröffneten Hochbahn gestiegen ist, der war nicht in Wuppertal. Seit Mai 1997 steht das „Einschienige Hängebahn-System Eugen Langen", wie das Beförderungsmittel offiziell nach seinem Entwickler heißt, unter Denkmalschutz. Der Ingenieur Carl Eugen Langen (1833–1895) war es auch, von dem der unkomplizierte Name „Schwebebahn" stammt. 13,3 Kilometer misst die Strecke von Vohwinkel nach Oberbarmen, vom Nordosten Wuppertals in den Südwesten der Stadt, zehn Kilometer dieser Linie 60 führen über die Wupper. Und es ist keine Legende, dass der junge Zirkuselefant Tuffi während einer Werbetour am 21. Juli 1950 zwischen den Stationen Alter Markt und Adlerbrücke aus dem fahrenden Zug in den Fluss sprang – und dabei nur eine Schramme am Allerwertesten erlitt. Das Bild des Elefanten auf der Rückseite eines Getränkemarkts (Adresse: Unterdörnen 60), angefertigt von der Wuppertaler Künstlerin Erika Nagel (1920–2007), erinnert an diesen Zwischenfall.

TIPP Spazieren Sie durch den Skulpturengarten Waldfrieden, Hirschstraße 12.

80.000 menschliche Fahrgäste, so haben die Wuppertaler Stadtwerke als Betreiber gezählt, nutzen die Bahn an Werktagen. Pro Jahr sind es fast 23 Millionen Fahrgäste, die an den 20 Haltestellen zusteigen, zum Beispiel zwischen Elberfeld-Mitte und Vohwinkel – jener Route, die Kaiser Wilhelm II. und seine Gemahlin Auguste Viktoria am 24. Oktober 1900 nahmen, als das Staatsoberhaupt im Wagen 5 die Schwebebahn ausprobieren durfte. Dieser Wagen ist erhalten und fährt heute, nach umfangreicher Restaurierung, Liebende als schwebendes Trauzimmer ins Eheglück. Doch auch für andere Anlässe steht der Kaiserwagen mit seinen 61 Sitzplätzen zur Verfügung.

Im täglichen Verkehr sind seit 2015 schon 31 neue Fahrzeuge unterwegs, die den Nutzern mehr Komfort versprechen. Das Schaukeln und Schwingen aber wird eine Fahrt mit der Wuppertaler Schwebebahn immer begleiten.

● **Wuppertaler Schwebebahn, Info-Tel. (01 80) 6 50 40 30**
www.schwebebahn.de

Lässige Posen am Haken

 88 *Wasserski in Langenfeld*

Der eine steht lässig auf dem Wasser, der andere bemüht sich eher vergeblich, auf den beiden Brettern unter den Füßen eine souveräne Pose zu wahren. Glücklich ist der, dem's gelingt, denn die ganze Welt sieht zu: Fünf Webcams sind jederzeit auf Sendung. Runde um Runde lassen sich Wagemutige auf den vier Bahnen der insgesamt fünf Quadratkilometer großen Wasserski-Anlage in Langenfeld-Berghausen (Kreis Mettmann) über die Wogen ziehen. Und besonders Mutige springen über Hindernisse, im Jargon „Barrier" genannt. 39 Stück davon treiben auf dem Wasser. 600 und 850 Meter messen dort die längsten Strecken – Platz genug, um unterwegs so manches unfreiwillige Bad zu nehmen. Eröffnet wurde diese Seilbahnanlage im Jahr 1976 auf einem rekultivierten Baggersee in der Nähe des Erholungsgebiets Knipprather Wald, damit gilt sie als eine der ältesten bundesweit. Aber nicht nur auf dem Wasserskiparcours tummeln sich die Ausflügler in Scharen: Eine Strandbar gibt es, aus den Lautsprechern träufelt Lounge-Musik. Ringsumher säumen Sandstrände den großen Badesee für jedermann. Mit dem „Seehaus" ist auch ein Restaurant vorhanden.

TIPP Besuchen Sie unbedingt die verborgen gelegene Wasserburg Haus Graven im nahen Langenfeld-Wiescheid.

Aufs Wasser darf nach Auskunft der Betreiber, wer mindestens zehn Jahre alt ist und eine gewisse Fitness mitbringt. Vorkenntnisse seien nicht vonnöten, allerdings solle jeder Wassersportler erst mal die Ski anschnallen, bevor er später dann aufs Wakeboard steigt. Wasserski lerne jeder innerhalb von nur einer Stunde, dann könne man schon allein Runden drehen – am Haken, versteht sich.

⊙ **Wasserski Langenfeld**, Baumberger Straße 88, 40764 Langenfeld, Tel. (0 21 73) 39 46 22 22
www.wasserski-langenfeld.de
⊙ **ÖPNV:** S-Bahn 6, Haltestelle Langenfeld-Berghausen, 10 Minuten Fußweg,
oder Bus 777, Haltestelle Langenfeld Wasserski

Quartier der Föttschesföhler

89 Das Kur-Theater in Hennef

Beinahe wären im Kur-Theater die Lichter für immer ausgegangen, wäre die Leinwand für immer finster geblieben. Im Jahr 2003 wollte Professor Richard Bellinghausen (1926–2006) das schmucke Lichtspielhaus in Hennef (Rhein-Sieg-Kreis) aufgeben – es gab bereits Pläne, das 1938 errichtete „Tonfilm-Theater", wie es damals hieß, zu einem Lagerhaus umzubauen – oder es einfach dem Erdboden gleichzumachen, um auf dem Grundstück neue Wohnungen zu bauen. Was zum Glück nicht geschah, denn dort gründete sich ein Enthusiastenverein und bewahrte das Kur-Theater vor dem Ende. Vorsitzender Ingo Teusch ist ein Mann dieser Stunde: „Dieses Kleinod durfte einfach nicht untergehen, es ist der Dreh- und Angelpunkt des Hennefer Kulturlebens." So laufen heute dort nicht nur Kinofilme zwischen Blockbuster und Kunststreifen, sondern finden im Saal auch jährlich mehr als 30 Kulturveranstaltungen statt. Der Ruf des Hauses in der Siegstadt ist zum Beispiel in der Comedyszene so gut, dass auch große Namen an der Front des Kur-Theaters prangen, das seine Gäste an einer Original-Kinokasse aus den 1950er-Jahren und einer kleinen Bar empfängt. Übrigens: Damals zählte der Trägerverein 43 Mitglieder, heute sind es 1200.

TIPP *Machen Sie einen Abstecher zu Hennefs ältestem Stadtteil Geistingen und besuchen Sie den Karnevalsbrunnen.*

Aber nicht nur bewährten Unterhaltungskräften gewährt es eine Bühne vor fast 200 Sitzplätzen. Auch die Ruut-Wießen Föttschesföhler vun 1913 (eVau!) haben dort ihr Stammquartier. „Zeuschwaat" Uli Birkmann und „Präsi" Oliver Wirtz laden zu Prunksitzungen dieser fiktiven Karnevalsgesellschaft ein, „Episode 2013 – Die Rückkehr der Hormone" oder „Eierlikör 2.0" waren Titel der legendären Abende. „Ich bin mit dem Kur-Theater aufgewachsen, habe dort mit meiner ersten Freundin ‚Bernard und Bianca' angesehen", erinnert sich Birkmann an Momente jugendlichen Glücks. „Meine Beziehung zu diesem Haus ist also genauso emotional wie die zu meinem Wohnzimmer." Und wer die Ruut-Wießen Föttschesföhler vun 1913 verpasst, kann mit Birkmann und seinem Kompagnon Wirtz zu Flunkerführungen durch die Stadt Hennef aufbrechen.

Kur-Theater, Königstraße 19 a, 53773 Hennef, Programmansage: Tel. (0 22 42) 86 67 27
www.kurtheaterhennef.de
ÖPNV: S-Bahn 12, 19 und RE 10967, Haltestelle Hennef Bf.

Geschichte an neuem Ort

90 *Das Gut Hungenbach in Kürten*

Die Geschichte von Gut Hungenbach in der zur Gemeinde Kürten (Rheinisch-Bergischer Kreis) zählenden Ortschaft Hungenbach ist eine kuriose, denn sie spielt an verschiedenen Orten: Die sechs Gebäude innerhalb der schützenden Mauer hatten einst ihren Platz nicht auf diesem Gelände, sie wurden ab 1969 dort aufgebaut. Hauptgebäude ist ein Wohnhaus, das auf dem Rittergut Varresbeck im heutigen Wuppertal-Elberfeld stand und das wohl im 14. Jahrhundert errichtet wurde. Erst mit der letzten Versetzung dieses historischen Bauwerks entstand 1981 das heutige Gut mit Hotel und Restaurant. Für Besucher ist es jederzeit zugänglich. So führen die Wege auch zum Wohnhaus des Augenarztes, Wissenschaftlers und Schriftstellers Johann Heinrich Jung-Stilling (1740–1817), das sonst im Wasser der Wuppertalsperre versunken wäre. Jung-Stilling gilt als der erste Arzt, der einen grauen Star operierte, und es heißt, er habe in Straßburg mit Johann Wolfgang von Goethe studiert. Sein Haus stand in Kräwinklerbrücke, der Ort gehörte damals zu Lennep (heute Remscheid): Von 1982 bis 1987 wurde dort eine Talsperre gebaut. Das Kutscherhaus gegenüber stand vorher in Bergisch Gladbach-Schildgen, ein Stall im Nachbarort Olpe, und das mehr als 250 Jahre alte Backhaus war in Much beheimatet.

TIPP Im Sülztal lädt der Golfclub Schloss Georghausen zu Partien im Grünen ein – oder zu einer Currywurst.

Mittelpunkt der Anlage aber ist das reetgedeckte Gebäude mit der Inschrift „Anno 1756". Ein viereckiger Wehrturm und ein Innenhof gehören zu diesem Ensemble. Der ehemalige Pferde- und Kuhstall des Gutes beherbergt das Restaurant, dessen Fenster zuvor die Krypta des Bonner Münsters zierten. Und Teile des Fußbodens stammen aus Aachen. In der alten Remise untergebracht sind nun Küche und Rezeption. Bei einem Brand im April 2013 – wenige Tage nach der Eröffnung – wurde vor allem dieses Haupthaus stark beschädigt und danach detailgetreu wiederaufgebaut. Inhaber ist seit Januar 2013 der Gastronom Marcel Vlach, er hatte sich sofort in Gut Hungenbach verliebt: „Ich möchte, dass meine Gäste das Glück einer Flucht aus dem Alltag genießen können." Dafür sei das Kleinod der richtige Ort.

Gut Hungenbach, Hungenbach 12, 51515 Kürten, Tel. (0 22 68) 80 15 10
www.guthungenbach.de
ÖPNV: Bus 426, Haltestelle Breibacher Weg

Einlaufen wie ein Fußballprofi

91 *Stadiontour durch die BayArena in Leverkusen*

Wie ein grünes Band zieht sich der Sportpark durch das Stadtzentrum von Leverkusen, er ist einer der größten in Europa. Und mittendrin steht die BayArena, das Stadion des Fußball-Bundesligisten Bayer 04 Leverkusen. 30.210 Zuschauer finden auf den Rängen Platz, die auf den Mauern des früheren, 1958 errichteten und dann immer wieder erweiterten Ulrich-Haberland-Stadions fußen. Und wer einmal wie ein Profi ins Stadion einlaufen oder auf der Trainerbank sitzen möchte, der bucht eine Stadiontour. 1904 gegründet, ist Bayer einer der ältesten deutschen Fußballvereine, „gewachsen aus der Werksmannschaft einer Farbenfabrik", erinnert etwa Christoph Nicolini, einer von fast 20 Tourleitern, an die Ursprünge des Klubs, der seit 1979 in der Fußball-Bundesliga spielt und auch im internationalen Fußball eine feste Größe ist. Wichtigste Erfolge waren bisher der Gewinn des UEFA-Pokals im Jahr 1988, des DFB-Pokals 1993 und 2002 das Erreichen des Champions-League-Finales gegen Real Madrid, das Leverkusen in Glasgow aber mit 1:2 verlor.

Ebenso lang wie eine Fußballpartie ist der Rundgang durch die BayArena, die mehr als 330 Flutlichtscheinwerfer erhellen und unter deren Spielfeld eine mehr als 32 Kilometer lange Rasenheizung arbeitet. Dank der Technik hat das heilige Grün an 365 Tagen im Jahr Hochsommer: „Optimale Bedingungen, damit der Rasen täglich geschnitten werden kann", erklärt Nicolini. Die Energie schickt die benachbarte Müllverbrennungsanlage, gegossen wird mit Regenwasser: Dieses fängt die beeindruckende Dachkonstruktion auf. 28.000 Quadratmeter Makrolon überspannen das Stadion, 217 Meter misst diese Überdachung im Durchmesser. „Richtete man sie auf wie ein Rad, wäre sie 60 Meter höher als der Kölner Dom." Mit ein wenig Glück treffen die Tourteilnehmer auf den Sportchef und früheren Nationalkicker Rudi Völler oder Profis wie Stefan Kießling, Karim Bellarabi oder Lars Bender. Denn die BayArena wird täglich genutzt, die öffentlichen Trainingseinheiten der Mannschaft finden auf einem Nachbarplatz statt. Übrigens: Täglich, immer um 19.04 Uhr, erstrahlt die BayArena in rotem Licht.

TIPP Erleben Sie im Neulandpark, wie grün die Chemiestadt Leverkusen ist.

○ BayArena, Bismarckstraße 122–124, 51373 Leverkusen
www.bayer04.de
○ ÖPNV: Bus 203 und 207, Haltestelle Manfort Sportpark

Des Döörpers Herzlichkeit

 92 *Das Wirtshaus an Sankt Severin in Ruppichteroth*

Christian Eggert ist ein echter „Döörper". „Döörper", das sind die Menschen, die in Ruppichteroth, dem Kernort der gleichnamigen Gemeinde (Rhein-Sieg-Kreis) rund um die 1131 urkundlich erstmals erwähnte Kirche Sankt Severin, geboren wurden und aufgewachsen sind. Schmal und bisweilen steil sind die Gassen im Fachwerkdorf, das im Jahr 843 seine erste Erwähnung fand. Und als echter „Döörper" hat Eggert keinen Moment gezögert, als man ihm und seiner Ehefrau Katja das Wirtshaus an Sankt Severin zur Pacht anbot. „Das war 2004", blickt der Gastwirt aus Leidenschaft zurück. Und wer bei ihm am Tresen in der urigen Schankstube steht oder an einem der liebevoll gedeckten Tische Platz nimmt, der erlebt prompt echte Döörper Herzlichkeit. Das „Sie" ist dabei schnell vergessen. „Zwischen Gast und Wirt sollte kein Abstand sein, hier sind wir familiär."

Die Tradition des Hauses ist lang, eine erste Erwähnung hat Eggert für das Jahr 1780 entdeckt: „Da kam ein Reisender vom Leuscheid nach Ruppichteroth und band hier vor dem Gasthaus seine Kuh an", zitiert er jene Quelle und blickt damit auch ins heutige Windeck.

TIPP Auf dem elf Kilometer langen „Fachwerkweg" rund um Ruppichteroth erfahren Sie, was ein „Wilder Mann" ist.

Die Gäste des Ehepaares kommen indes von überall her, das Wirtshaus an Sankt Severin ist Dorfkneipe ebenso wie Ausflugsgaststätte. Die Preise sind moderat, alle sechs bis acht Wochen gibt es eine neue Speisekarte und sonntags stets ein Menü in drei Gängen – immer saisonal, immer regional, immer hausgemacht. Solches Gaumenglück ist Küchenchefin Katja Eggert eine Herzenssache. „Hier wird keiner abgefüttert", betont Ehemann Christian. Denn oft genug könnte er jeden der Plätze mehrfach vergeben. Aber das tut er nicht: Lieber rückt man enger zusammen. Übrigens: Ruppichteroth ist auch Schauplatz der „Döörper Weihnacht", des vielleicht schönsten Weihnachtsmarkts im Bergischen Land.

▶ **Wirtshaus an Sankt Severin, Burgstraße 25, 53809 Ruppichteroth,**
Reservierung empfohlen, Tel. (0 22 95) 59 56, www.wirtshaus-ruppichteroth.de
▶ **ÖPNV: Bus 530 und 531, Haltestelle Ruppichteroth Denkmal**

Bibliografische Informationen der Deutschen Nationalbibliothek
Die Deutsche Nationalbibliothek verzeichnet diese Publikation in der Deutschen Nationalbibliografie;
detaillierte bibliografische Daten sind im Internet über http://dnb.d-nb.de abrufbar.

© 2017 Droste Verlag GmbH, Düsseldorf
4. Auflage 2020
Konzeption/Satz: Droste Verlag, Düsseldorf
Einbandgestaltung und Illustrationen: Britta Rungwerth, Düsseldorf unter Verwendung von Bildern von
© Fotolia.com: jd – photodesign.de; © iStock: Plociennik Robert
Fotos: Jens Höhner, außer:
S. 171: Leif Schmittgen
Druck und Bindung: Gutenberg Beuys Feindruckerei GmbH, Langenhagen
ISBN 978-3-7700-2021-8

www.drosteverlag.de